Mittelmeer-küche

Ulrike Skadow

W0086266

D ie Vielseitigkeit der mediterranen Küche spiegelt sich in diesem Buch wider. Sie finden Rezepte aus Spanien, Südfrankreich, Italien, Griechenland und der Türkei. Egal, ob Sie für sich selbst einen kleinen Salat machen möchten oder Gäste mit einem bunten Tapa-Teller oder einem kompletten Menu überraschen wollen, hier werden Sie fündig.

Inhalt

Alle Rezepte auf einen Blick

Rezept	Seite	kcal je Portion/Stück	preiswert	vegetarisch	mit Fisch	mit Knoblauch	für Gäste	schnell	reich an Vitalstoffen	cholesterin arm
Fisch-Zitronen-Spieße	10	450			✔		✔	✔		✔
Marinierte Anchovis	12	350			✔		✔			✔
Sardellencreme auf Baguette	13	420	✔		✔	✔		✔		✔
Carpaccio	14	290					✔	✔		
Caprese	15	260	✔	✔				✔	✔	
Kartoffeltortilla	16	500	✔				✔			
Empanada mit Thunfisch-Paprika-Füllung	18	440	✔		✔	✔				✔
Gefüllte Tintenfische	19	240			✔	✔		✔		
Hummus	20	220	✔	✔		✔		✔	✔	✔
Gefüllte Weinblätter	21	450		✔			✔			
Panierte Tomaten	22	370	✔	✔				✔		
Crostada	22	610	✔	✔		✔		✔		
Gemüsesuppe mit Pistou	24	840	✔	✔		✔			✔	✔
Fenchelsuppe	26	80	✔	✔				✔	✔	✔
Gazpacho	27	170	✔	✔		✔			✔	✔
Fischsuppe mit Safran	28	830			✔	✔	✔			
Bauernsalat	30	500		✔				✔	✔	
Tomatensalat mit Frühlingszwiebeln	31	160	✔	✔				✔	✔	✔
Toskanischer Brotsalat	32	610	✔	✔		✔		✔		✔
Weißer Bohnensalat	33	480	✔	✔					✔	✔
Fenchel-Nuss-Salat	34	370		✔			✔	✔	✔	✔

Rezept	Seite	kcal je Portion/Stück	preiswert	vegetarisch	mit Fisch	mit Knoblauch	für Gäste	schnell	reich an Vitalstoffen	cholesterin-arm
Orangen-Spinat-Salat	35	260	✔	✔			✔	✔	✔	✔
Kaninchen mit Kräutern	36	1040				✔	✔			
Sardellen-Kaninchen-Braten	38	970			✔		✔			
Geschmorte Poularde	39	810	✔				✔			
Ossobuco	40	500				✔	✔			
Saltimbocca	42	270					✔	✔		
Polentaring gefüllt mit Hackfleisch	43	730	✔				✔			
Pizza alla Napoletana	44	780	✔		✔					
Spaghetti mit roher Tomatensauce	45	580	✔	✔		✔		✔	✔	✔
Tortellini mit Salbeibutter	46	640	✔				✔			
Gorgonzolarisotto in Lachs	48	950			✔	✔		✔		
Bandnudeln mit Meeresfrüchten	49	500			✔		✔	✔		✔
Dorade in Pastis	50	530			✔	✔	✔	✔		✔
Pinienkerntarte	52	240		✔			✔			
Tiramisu	54	640	✔	✔				✔		
Heferad mit kandierten Früchten	55	210	✔	✔						
Safran-Hefe-Kuchen	56	350		✔			✔			
Panna Cotta	58	360		✔			✔	✔		
Zuppa Inglese	59	480		✔			✔			
Sizilianische Festtagstorte	60	540		✔			✔			

Die mediterrane Küche

Seitdem wir die Mittelmeerregion zu unserem beliebtesten Ferienziel erkoren haben, entdecken wir nun neben seiner landschaftlichen Schönheit auch die einheimischen Küchen.

Kulinarisch haben die Mittelmeerländer viel zu bieten. Vieles ist ihren Küchen gemeinsam. Überall wird gern und gut gegessen. Die Gerichte sind alle reich an frischem Gemüse und Obst. Fisch, Wild, Geflügel, aber auch Schwein und Rind werden in den Mittelmeerländern ebenfalls verzehrt, jedoch in viel geringeren Mengen als bei uns.

Und zu jedem guten mediterranen Essen gehört das „fließende Gold", das Olivenöl, das den Gerichten die typische Note und den unverwechselbaren Charakter verleiht.

Olivenöl – eine Philosophie für sich

Olivenöl kann auf vielfältige Weise in der Küche eingesetzt werden: Mit dem feinen Saft beträufelt man Brot, verwendet ihn zum Kochen, für Marinaden, Saucen und Salate. Seinen gesundheitlichen Wert verdankt das Olivenöl dem hohen Anteil an einfach ungesättigten Fettsäuren. Kein anderes Speiseöl hat ein so günstiges Verhältnis der verschiedenen Fettsäuren zueinander. Die einfach ungesättigten Fettsäuren senken den Cholesterinspiegel (LDL) und beugen so Herz-Kreislauf-Erkrankungen vor.
Jedes Mittelmeerland nimmt für sich in Anspruch, das beste Olivenöl zu produzieren. Die Bauern

können je nach Kultur bei einer Tasse schwarzem Tee, Espresso oder Kaffee stundenlang über ihr Olivenöl, dessen Qualität und die Verwendung philosophieren. Denn wie beim Wein bestimmen Anbauregion, Auswahl der Früchte und das Herstellungsverfahren den Geschmack des Öls.

Für Sie ist es wichtig zu wissen, dass die höchste Qualitätsstufe „natives Olivenöl extra" garantiert kaltgepresst ist. Dieses Öl ist besonders fein im Geschmack und hat aufgrund seines geringen Anteils an freien Fettsäuren den höchsten gesundheitlichen Wert.

Kaufen Sie dagegen Olivenöl ohne weitere Bezeichnungen, ist es ein raffiniertes Öl oder eine Mischung aus raffiniertem und kaltgepresstem Öl. Es ist vergleichsweise billig, aber auch bezüglich Aroma und Nährstoffgehalt weniger wertvoll.

Olivenöl sollte möglichst innerhalb eines Jahres nach der Herstellung aufgebraucht werden, denn sonst verliert es an Geschmack.

Sonneneinstrahlung und Hitze reduzieren die Haltbarkeit, daher sollten Sie Olivenöl an einem dunklen und kühlen Ort lagern, z.B. im Kühlschrank. Es wird dort ausflocken – das ist jedoch nicht qualitätsmindernd. Außerdem bilden sich diese Flocken bei Zimmertemperatur schnell zurück.

Gemüse – von der Sonne gereift

Die **Aubergine** stammt aus Asien und ist daher auch im östlichen Mittelmeer weiter verbreitet als in den westlichen Regionen. Auberginen eignen sich

nicht zum rohen Verzehr, sondern müssen gebraten oder geschmort werden. Oft liest man noch, dass man der Aubergine vor dem Zubereiten die Bitterstoffe mit Salz entziehen soll. Durch Züchtung ist es jedoch gelungen, die unerwünschten Bitterstoffe zu entfernen, sodass dieser Arbeitsschritt heute überflüssig geworden ist.

Fenchel ist schon seit über 4000 Jahren als Heilpflanze gegen Magenbeschwerden und Bronchienerkrankungen bekannt. Als Gemüse ist Fenchel vor allem in Italien und Südfrankreich beliebt, den meisten Mitteleuropäern fehlt dagegen die Erfahrung mit diesem Gemüse. Dabei lässt es sich ganz leicht zubereiten. Es ist vielseitig einsetzbar, als Salat oder als Rohkost, gedünstet oder gekocht in Suppen, Eintöpfen und Aufläufen oder als Gemüsebeilage.

Knoblauch ist aus der mediterranen Küche nicht wegzudenken. Er gehört zu den Zwiebelgewächsen. Die geernteten Knoblauchknollen werden zum Trocknen in geflochtenen Bündeln aufgehängt. Der Hauptwirkstoff des Knoblauchs ist das Alliin, weitere Bestandteile

sind verschiedene schwefelhaltige Verbindungen (Sulfide) sowie die Vitamine A, B_1 und B_2. Besonders gehaltvoll ist frischer Knoblauch, der sofort nach der Ernte in den Handel kommt. Man erkennt ihn daran, dass seine äußeren Blätter nur leicht angetrocknet und seine Farben von weiß über hellgrün bis helllila sind.

Die **Paprikaschote** brachte Kolumbus – wie auch vieles andere Gemüse – aus der Neuen Welt mit. Da die Pflanze viel Licht, Wärme und Wasser braucht, breitete sie sich wie die Tomate als Kulturpflanze am Mittelmeer schnell aus. Heute ist sie ein wahrer Tausendsassa: In manchen Gerichten spielt sie die Hauptrolle und in vielen Speisen nimmt sie als Gewürz eine Nebenrolle ein.

Tomaten werden im ganzen Mittelmeerraum angebaut. Sie brauchen viel Sonne, Wasser und eine windgeschützte Lage. Bis ins 19. Jahrhundert hielt man die Tomate für giftig. Tatsächlich enthalten unreife Tomaten viel Solanin (ein giftiges Alkaloid) und sind daher nicht genießbar. Bei ausgereiften Tomaten ist dieser Stoff aber abgebaut. Sie

sind reich an Vitaminen, Mineralstoffen und sekundären Pflanzenstoffen. In alten Kochbüchern findet man sie unter der Bezeichnung „Liebesapfel" oder „Paradiesapfel". Diese hübschen Namen hat die Tomate zwar verloren, aber heute ist sie nicht nur in den Mittelmeerländern das beliebteste Gemüse, sondern auch in Mitteleuropa zu so etwas wie
einem „Volksnahrungsmittel" geworden.

Die **Zucchini** gehört zu den Kürbisgewächsen und liebt Wärme, Feuchtigkeit und einen nährstoffreichen Boden. Neben der Zucchinifrucht werden in den Mittelmeerländern auch die Blüten frittiert und mit oder ohne Füllung gegessen. Die Früchte werden in allen möglichen Größen geerntet. Die kleinen Früchte eignen sich besonders gut für Salate und zum Ausbacken, zum Füllen sind die großen besser geeignet.

Es gibt hunderte **Zwiebelsorten**. Sie unterscheiden sich in Farbe, Größe und Geschmack. Die Schalotten sind die edelsten aller Zwiebeln. Sie schmecken feinaromatisch und sind von einer rötlich braunen Schale umgeben. Die roten Zwiebeln stammen aus Italien und den Balkanländern. Sie haben ein dünnes, leuchtend rotes Häutchen auf der Schalenoberfläche und schmecken mildwürzig, fast ein bisschen süßlich. Am besten kommen sie roh zur Geltung, denn beim Kochen bluten sie aus. Frühlingszwiebeln sind nicht ausgewachsene Pflanzen, bei denen sich die Zwiebel noch nicht voll ausgebildet hat. Das Grün ist der Hauptbestandteil der Zwie-

bel und kann wie Schnittlauch oder Lauch gegessen werden. Frühlingszwiebeln haben ein frisches, saftiges Aroma und sind eine beliebte Salatzutat. Bis auf die weißen Zwiebeln sind alle Zwiebel-sorten nicht lange lagerfähig. Allen gemeinsam ist, dass sie reich an Vitamin C und ätherischen Ölen sind, die einen positiven Einfluss auf Ihre Gesundheit haben können.

Fischreichtum des Mittelmeeres

Da das Meer das Leben der Menschen maßgeblich bestimmt hat, wundert es wohl niemanden, dass in der Mittelmeerküche oft mit Fisch gekocht wird. Was den Fischern tagsüber in die Netze geht, kommt abends auf den Tisch:

Die **Dorade**, die bei uns unter dem Namen Goldbrasse bekannter ist, steht bei Feinschmeckern sehr hoch in Kurs – vor allem weil das Fleisch äußerst fest und grätenarm ist. Die Dorade ernährt sich hauptsächlich von Krebstieren, Weichtieren und kleinen Fischen und kann bis zu 70 cm lang werden. Sehr schmackhaft ist das Fleisch vor allem in den Monaten Juli bis Oktober.

Sardellen haben viel Ähnlichkeit mit Sardinen, aber es handelt sich nicht um die gleichen Fische. Man hört auch oft den französischen Na-

men „anchovis" oder den spanischen „bo-
quéron". Dieser Fisch ist frisch kaum zu bekommen, aber in Salzlake oder Öl eingelegt überall
erhältlich.

Ein **Thunfisch** kann bis zu 3 m lang und zwischen 200 und 300 kg schwer werden. In der Regel essen wir das Fischfilet, das wegen seiner
rosaroten Farbe nicht auf den ersten Blick als
Fischfleisch erkennbar ist. Frischer Thunfisch ist
heute in fast jedem guten Fischgeschäft erhältlich und hat nur wenig mit dem Thunfisch in der
Dose gemeinsam. Letzterer ist im eigenen Saft,
in Öl oder in einer Kräutermarinade eingelegt. Beide Angebotsformen haben
ihre Berechtigung. Aber letztlich gilt
dann doch: Nur wer Thunfisch
schon einmal frisch gegessen
hat, kann wirklich mitreden.

Auch **Muscheln** haben
im warmen Mittelmeer ein
Zuhause. Neben den bei uns
ebenfalls bekannten schwarzen
Miesmuscheln werden in den
Mittelmeerländern auch Venus- und Jakobsmu-
scheln viel und gerne gegessen. Diese Muscheln
werden in den meisten Fällen gekocht und für
Nudelsauce verwendet oder gratiniert gereicht.

Tintenfische lassen sich in drei Grup-
pen aufteilen. Die *Sepia* hat keine langen Fangarme und innen einen so
genannten Schulp. Dies
ist eine kalkhaltige
Schale, die bei den
küchenfertig vor-
bereiteten

Sepiakörpern allerdings bereits herausgelöst
worden ist. Die *Kalamare* sind Tintenfische mit
sehr langen Körpern und relativ kurzen Fangar-
men. Kalmare sind küchenfertig in fast jedem
Fischgeschäft erhältlich – und jeder kennt sie
als die typischen mit Teig umhüllten Ringe. Bei
diesen Ringen handelt es sich übrigens nicht –
wie man annehmen könnte – um die umhüllten
Arme der Kalamare, sondern um deren Körper.
Bei der dritten Gruppe der Tintenfische handelt
es sich um die *Kraken*, deren Aussehen unserer
Vorstellung vom gefährlichen und bedrohlichen
Riesentintenfisch aus Kinderzeiten sehr nahe
kommt. Der Krake hat einen sackförmigen Körper und ist mit langen Arme ausgestattet, die
dicht mit Saugnäpfen besetzt sind. Sowohl
ganz kleine Kraken wie auch Riesentintenfische
kann man kaufen – in der Regel ebenfalls bereits küchenfertig. Selbst einen Tintenfisch aus-
zunehmen ist eine ziemlich
schwierige Arbeit, die Sie
nur dann angehen sollten,
wenn Sie bereits einiges
an Erfahrung im Zube-
reiten von Tinten-
fischen gesammelt
haben.

Die Rezepte

Fisch-Zitronen-Spieße

Aus Griechenland

preiswert

vegetarisch

Fisch ✔

Knoblauch

für Gäste ✔

schnell ✔

Vitalstoffe

Cholesterin ↓

Für 4 Personen

● Zubereitungszeit:
  ca. 30 Min.
● Marinierzeit:
  ca. 2 Std.
● ca. 450 kcal je
  Portion

400 g Filet von einem festfleischigen Fisch
(Thunfisch, Schwertfisch, Seeteufel)
1 Zwiebel • 10 EL Olivenöl • 7 EL Zitronensaft •
etwas Salz • gem. Fenchelsamen
50 g entsteinte schwarze Oliven •
2 EL gehackte glatte Petersilie •
etwas schwarzer Pfeffer aus der Mühle
1 Zitrone

1. Das Fischfilet unter fließendem Wasser
waschen, mit Küchenkrepp trockentupfen
und in etwa 2 cm große Würfel schneiden.

2. Für die Marinade die Zwiebel schälen
und sehr fein hacken und mit 5 EL Olivenöl,
5 EL Zitronensaft, Salz und Fenchelsamen
verrühren. Die Marinade über die Fischwürfel
gießen und den Fisch mindestens 2 Stunden
oder über Nacht zugedeckt im Kühlschrank
marinieren.

3. Für die Sauce die Oliven fein hacken
und mit dem restlichen Olivenöl, dem restlichen Zitronensaft, Petersilie sowie mit Salz
und Pfeffer verrühren.

4. Die Zitrone waschen, abtrocknen und in
Spalten schneiden. Die Fischwürfel aus der
Marinade heben, die Marinade nicht weg-
gießen. Die Fischwürfel abtropfen lassen und
abwechselnd mit Zitronenspalten auf etwa
10 cm lange Holzspieße stecken.

5. Die Spieße auf dem Grill oder in der
Pfanne ohne Fettzugabe rundherum etwa
4 Minuten braten, dabei ab und zu mit Marinade übergießen. Die Olivensauce separat
dazureichen.

Zitronen

In der Mittelmeerregion hat fast jede Familie, die
sich einen Garten leisten kann, einen Zitronenbaum
vor der Haustür stehen. Da der Baum ganzjährig
Früchte trägt, muss die Hausfrau keine Angst
haben, dass ihr dieses Würzmittel fehlt. Zitronen
besitzen einen hohen Säuregehalt und geben den
Spießen die richtige Würze.

Marinierte Anchovis

Aus Südfrankreich

40 frische Sardellen
3 Zwiebeln • 3 Möhren
24 Wacholderbeeren • 24 Korianderkörner •
4 EL Rotweinessig • etwa 5 EL Olivenöl •
etwas Salz • 40 Pfefferkörner
Saft von 5 Zitronen • 2 Lorbeerblätter • 5 Nelken

1. Köpfe und Schwänze der Sardellen abschneiden. Die Bauchhöhle öffnen und die Eingeweide herauslösen. Die Fische flach auseinander klappen und die Mittelgräte entfernen. Dann die Sardellen vorsichtig abspülen, trockentupfen und zusammenfalten.

2. Die Zwiebeln und die Möhren schälen und beides in feine Scheiben schneiden.

3. Den Boden einer Terrine (etwa 18 cm lang) mit einem Viertel der Zwiebelringe bedecken. Dann jeweils ein Viertel der Wacholderbeeren, der Korianderkörner und der Möhrenscheiben darauf verteilen und mit 1 EL Essig begießen. Alles mit 10 Sardellen bedecken. 1 EL Olivenöl darüber träufeln und das Ganze mit etwas Salz und 10 Pfefferkörnern würzen. Das Einschichten wiederholen, bis alle dafür notwendigen Zutaten, außer dem Olivenöl, aufgebraucht sind.

4. Abschließend den Zitronensaft über die Sardellen gießen. Die Lorbeerblätter und die Nelken auf die letzte Schicht Sardellen legen und mit dem restlichen Olivenöl beträufeln. Die Marinade soll aber alles bedecken – eventuell weiteres Öl zugießen.

5. Die Terrine zugedeckt mindestens 6 Stunden im Kühlschrank durchziehen lassen und etwa 30 Minuten vor dem Servieren aus dem Kühlschrank nehmen.

preiswert

vegetarisch

Fisch ✔

Knoblauch

für Gäste ✔

schnell

Vitalstoffe

Cholesterin ▼

Für 4 Personen
- Zubereitungszeit: ca. 45 Min.
- Marinierzeit: ca. 6 Std.
- ca. 350 kcal je Portion

Sardellencreme auf Baguette

Aus Spanien

15 Sardellenfilets (aus dem Glas) •
2 Knoblauchzehen

2 ¹/₂ TL Kapern (etwa 20 g) • etwas schwarzer
Pfeffer aus der Mühle • 100 ml Olivenöl •
etwas Salz

¹/₂ Baguette (ersatzweise ein anderes helles Brot)

1. Die Sardellenfilets unter kaltem Wasser
abspülen und mit Küchenkrepp trockentupfen. Den Knoblauch schälen und grob
hacken.

2. Die Sardellenfilets in einen hohen Rührbecher geben. Den Knoblauch, die Kapern,
etwas Pfeffer und das Öl hinzufügen. Alles
mit dem Mixstab kurz pürieren, sodass eine
glatte Creme entsteht. Die Sardellencreme
mit Salz und Pfeffer abschmecken.

3. Das Baguette in dünne Scheiben
schneiden, im Toaster rösten und zur Sardellencreme reichen.

Tipps

Probieren Sie einmal Folgendes aus: Den Backofen
auf 240 °C (Umluft 210 °C; Gas Stufe 4–5) vorheizen. Die Sardellencreme auf die Brotscheiben
streichen und auf mittlerer Schiene etwa 5 Minuten
überbacken. Heiß servieren.

Die Sardellencreme schmeckt ebenso gut als Dip
zu rohem Gemüse (z. B. zu Tomaten, Blumenkohl,
Stangensellerie, Radieschen).

preiswert ✔
vegetarisch
Fisch ✔
Knoblauch ✔
für Gäste
schnell ✔
Vitalstoffe
Cholesterin ✔

Für 4 Personen
● Zubereitungszeit:
ca. 15 Min.
● ca. 420 kcal je
Portion

Carpaccio
Aus Italien

preiswert

vegetarisch

Fisch

Knoblauch

für Gäste ✔

schnell ✔

Vitalstoffe

Cholesterin

Für 4 Personen

- Zubereitungszeit:
  ca. 30 Min.
- Marinierzeit:
  ca. 30 Min.
- ca. 290 kcal je
  Portion

300 g Rinder- oder Kalbsfilet (vom Mittelstück)

1 Stange Staudensellerie

etwas Salz • 2 EL Zitronensaft •
4 EL Olivenöl

etwas Pfeffer aus der Mühle

2 EL fein gehobelter Grana Padano oder Parmesan

1. Das Filet von Haut und Fett befreien und im Tiefkühlgerät leicht anfrieren lassen.

2. Inzwischen die Selleriestange waschen und nur den zarten Teil in sehr kleine Würfel schneiden. Den Rest für ein anderes Gericht mit Staudensellerie verwenden.

3. Das Salz und den Zitronensaft gut vermischen und dann das Olivenöl unter kräftigem Rühren langsam hinzufügen, bis eine gebundene Sauce entstanden ist.

4. Das angefrorene Fleisch am besten mit einer Aufschnittmaschine oder mit einem elektrischen Messer in sehr dünne Scheiben schneiden.

5. Die Fleischscheiben auf flachen Tellern ausbreiten und mit Pfeffer bestreuen. Die Sauce gleichmäßig auf den Fleischscheiben verteilen. Alles mit Klarsichtfolie bedeckt im Kühlschrank etwa 30 Minuten durchziehen lassen.

6. Das Carpaccio mit den Selleriewürfeln und dem gehobelten Käse bestreuen.

Tipps

Um eine neue Geschmacksvariante zu probieren, geben Sie anstelle des Käses einige fein gehobelte weiße Trüffel oder ein wenig Trüffelöl auf die marinierten Fleischscheiben.

Zusätzlich können Sie das Carpaccio auch mit einigen Blättchen Brunnenkresse oder Basilikum anrichten.

Caprese
Aus Italien

4 etwa gleich große Tomaten
300 g Mozzarella
1 Bund großblättriges Basilikum
etwas Salz • etwas Pfeffer aus der Mühle •
2 EL Olivenöl

1. Die Tomaten waschen, die Stielansätze entfernen und die Tomaten in etwa $1/2$ cm dicke Scheiben schneiden.

2. Den Mozzarella gut abtropfen lassen und ebenfalls in Scheiben schneiden.

3. Auf einer runden Platte abwechselnd Tomaten- und Mozzarellascheiben kreisförmig anordnen. Auf jede Mozarellascheibe jeweils 1 Basilikumblatt legen.

4. Das Ganze mit wenig Salz und reichlich frisch gemahlenem Pfeffer bestreuen und mit Olivenöl beträufeln.

Tipps

Sie können das Ganze nach Belieben mit etwas Balsamessig beträufeln.

Heute wird Mozzarella meist aus Kuhmilch hergestellt. In manchen Supermärkten finden Sie aber auch „mozzarella di buffala", der wie in der Ursprungsrezeptur mit Büffelmilch hergestellt wurde.

preiswert ✔
vegetarisch ✔
Fisch
Knoblauch
für Gäste
schnell ✔
Vitalstoffe ♦
Cholesterin

Für 4 Personen
● Zubereitungszeit:
   ca. 15 Min.
● ca. 260 kcal je
   Portion

Kartoffeltortilla

Aus Spanien

preiswert ✔

vegetarisch

Fisch

Knoblauch

für Gäste ✔

schnell

Vitalstoffe

Cholesterin

Für 4 Personen

● Zubereitungszeit:
ca. 50 Min.
● ca. 500 kcal je
Portion

2 Zwiebeln • 500 g Kartoffeln
6 EL Olivenöl
200 g Chorizowürste • 5 frische Eier • etwas Salz •
etwas schwarzer Pfeffer aus der Mühle

1. Die Zwiebeln schälen und fein hacken. Die Kartoffeln schälen, waschen, trocken-reiben und in dünne Scheiben schneiden.

2. In einer Pfanne mit hohem Rand 3 EL Olivenöl erhitzen. Die Kartoffelscheiben und die Zwiebeln darin bei mittlerer Hitze zuge-deckt 15–20 Minuten garen, bis die Kartof-feln weich sind. Sie sollen goldfarben, aber nicht braun sein. Die Kartoffeln aus der Pfanne heben und auf Küchenkrepp abtrop-fen lassen.

3. Die Würste in dünne Scheiben schnei-den und dann würfeln. Die Eier in einer großen Schüssel verquirlen, salzen und pfeffern. Die Wurstwürfel und die etwas ab-gekühlten Kartoffeln zur Eiermasse geben.

4. In der Pfanne 1 EL Olivenöl erhitzen, die Kartoffel-Eier-Mischung dazugeben. Die Masse sollte etwa 4 cm dick sein – wenn sie zu dick ist, das Ganze in 2 Pfannen backen. Bei schwacher Hitze in etwa 6 Minuten stocken lassen.

5. Das Omelett mithilfe eines Tellers wen-den. Das restliche Olivenöl zugießen und die zweite Seite in 6 Minuten fertig braten, so-dass die Masse innen noch feucht ist. Die Tortilla in kleine Stücke schneiden und servieren.

Tipps

Die Chorizowürste können Sie weglassen oder aber durch Serrano-Schinken ersetzen.

Sie können auch klein geschnittenes Gemüse wie Paprikawürfel oder Brokkoliröschen zusammen mit den Kartoffeln garen.

Chorizo

Sie ist die Nationalwurst der Spanier. Es gibt sie in den unterschiedlichsten Varianten: dick oder dünn, roh oder geräuchert, mit einem hohen Anteil an Magerfleisch oder sehr fetthaltig. Allen Sorten ist aber gemeinsam der typische leicht säuerliche Geschmack.

Empanada mit Thunfisch-Paprika-Füllung
Aus Spanien

$^{1}/_{2}$ P. Trockenhefe (3,5 g) • 175 g Mehl • $^{1}/_{2}$ TL Salz •
7 EL Olivenöl

1 rote Paprikaschote • 1 Zwiebel •
2 Knoblauchzehen

2 EL gehackte Petersilie • etwas Salz •
etwas schwarzer Pfeffer aus der Mühle •
1 TL Paprikapulver

150 g Thunfischfilet

etwas Mehl zum Ausrollen

1. Für den Hefeteig die Hefe, 100 ml lauwarmes Wasser, Mehl, Salz und 1 EL Öl in eine Schüssel geben und zu einem geschmeidigen Teig verkneten.

2. Den Teig zugedeckt an einem warmen Ort auf das doppelte Volumen gehen lassen.

3. Die Paprikaschote waschen, putzen und klein würfeln. Die Zwiebel und den Knoblauch schälen und fein hacken.

4. In einer Pfanne 3 EL Olivenöl erhitzen, Zwiebel, Knoblauch und Petersilie darin anbraten. Die Paprikawürfel dazugeben und untermischen. Alles mit Salz, Pfeffer und Paprikapulver würzen und erkalten lassen.

5. Fisch waschen, trockentupfen, würfeln und mit 2 EL Öl zur Paprikamischung geben.

6. Dann den Backofen auf 200 °C (Umluft 170 °C; Gas Stufe 3) vorheizen. Den Teig halbieren und auf der bemehlten Arbeitsfläche rund und etwa 5 mm dick ausrollen. Mit einer Gabel mehrmals einstechen. Die Füllung auf eine Teighälfte verteilen, dabei einen 1 cm breiten Rand frei lassen. Den Teig über die Füllung schlagen, den Rand gut andrücken.

7. Ein Backblech mit dem restlichen Öl einfetten. Die Empanada darauf legen, auf mittlerer Schiene etwa 25 Minuten backen, in Stücke schneiden und warm servieren.

preiswert ✔

vegetarisch

Fisch ✔

Knoblauch ✔

für Gäste

schnell

Vitalstoffe

Cholesterin ↓

Für 4 Personen

● Zubereitungszeit:
  ca. 1 Std.
● Backzeit:
  ca. 25 Min.
● ca. 440 kcal je
  Portion

Gefüllte Tintenfische

Aus Griechenland

300 g geputzte, möglichst kleine Tintenfische
(ohne Kopf und Arme)
100 g Kalbfleisch • 100 g Sahne • $^1/_2$ frisches
Eiweiß • 2 EL Petersilie • etwas Salz •
etwas weißer Pfeffer aus der Mühle •
abgeriebene Schale von $^1/_2$ Zitrone
3 EL Olivenöl

1. Die Tintenfische gründlich waschen und mit Küchenkrepp trockentupfen.

2. Für die Füllung Kalbfleisch, Sahne, Eiweiß, Petersilie, Salz, Pfeffer und Zitronenschale in einen Mixer geben und darin pürieren, bis eine glatte Masse entstanden ist. Die Masse in einen Spritzbeutel mit großer runder Lochtülle geben und gleichmäßig in die Tintenfische füllen.

3. Das Olivenöl in einer Pfanne erhitzen, die gefüllten Tintenfische darin bei schwacher Hitze langsam etwa 15 Minuten braten, bis sie rundherum goldbraun sind. Noch warm servieren.

Tipps

Falls die Tintenfische Fangarme haben, diese abschneiden und etwa 5 Minuten mitbraten.

Anstelle von Kalbfleisch können Sie auch Lammhackfleisch verwenden. Zusätzlich können Sie auch noch einige entkernte, schwarze Oliven zur Füllung geben.

preiswert

vegetarisch

Fisch ✔

Knoblauch ✔

für Gäste

schnell ✔

Vitalstoffe

Cholesterin

Für 4 Personen

● Zubereitungszeit:
ca. 30 Min.
● ca. 240 kcal je
Portion

Hummus

Aus der Türkei

preiswert ✔

vegetarisch ✔

Fisch

Knoblauch ✔

für Gäste

schnell ✔

Vitalstoffe ✦

Cholesterin ✦

Für 4 Personen

- Zubereitungszeit: ca. 30 Min.
- Kühlzeit: ca. 1 Std.
- ca. 220 kcal je Portion

500 g Kichererbsen aus der Dose •
$^1/_2$ Bund glattblättrige Petersilie
3 Knoblauchzehen • 1 kleine Zwiebel •
2 kleine, rote Chilischoten
3 EL Olivenöl • Saft von 1 Zitrone •
$^1/_4$ TL Chilipulver • $^1/_4$ TL Cayennepfeffer
etwas Salz • etwas schwarzer Pfeffer aus der Mühle
4 große Kopfsalatblätter • 1 Msp. Zimtpulver

1. Die Kichererbsen in ein Sieb geben und gut abtropfen lassen. Die Petersilie waschen und trockentupfen. Die Blätter von den Stielen zupfen und klein schneiden.

2. Den Knoblauch und die Zwiebel schälen und fein würfeln. Die Chilischoten waschen, trockentupfen, längs halbieren, entkernen und in sehr kleine Würfel schneiden. Wenn man nicht mit Haushaltshandschuhen arbeitet, danach sofort die Hände waschen.

3. Kichererbsen, Knoblauch- und Zwiebelwürfel sowie Petersilie und Chilischotenwürfel mit dem Olivenöl, dem Zitronensaft, dem Chilipulver und den Cayennepfeffer im Mixer oder mit einem Mixstab fein pürieren.

4. Das Kichererbsenpüree mit Salz und Pfeffer abschmecken, in eine Schüssel füllen und diese mit Klarsichtfolie gut bedecken. Das Püree etwa 1 Stunde kalt stellen.

5. Die Salatblätter waschen und trockentupfen. Auf jeden Teller ein Blatt legen. Das Kichererbsenpüree auf die 4 Teller verteilen und jeweils leicht mit Zimtpulver bestäuben.

Tipps

Hummus können Sie sowohl auf ein Pittabrot streichen wie auch als Dip zu rohem Gemüse, z. B. Zucchini-, Möhren- oder Kohlrabistiften, reichen.

Hummus kann auch aus getrockneten Kichererbsen zubereitet werden. Weichen Sie dafür 200 g getrocknete Kichererbsen mindestens 8 Stunden, am besten jedoch über Nacht, in kaltem Wasser ein. Wechseln Sie das Wasser aus und kochen Sie die Erbsen etwa 1 Stunde, bis sie weich sind. Bereiten Sie den Hummus wie im Rezept beschrieben zu.

Gefüllte Weinblätter

Aus Griechenland

150 g Langkornreis • etwas Salz
60 g ungeschwefelte Rosinen • 2 EL Zitronensaft •
300 g Schafskäse • 6 EL fein gehackte Petersilie •
etwas schwarzer Pfeffer aus der Mühle
150 g eingelegte Weinblätter (etwa 20 Stück)
2 EL Olivenöl • ¼ l milde Gemüsebrühe (Instant)
1 Zitrone

1. Den Reis in etwa 300 ml leicht gesalzenem Wasser gut zugedeckt bei mittlerer Hitze in knapp 20 Minuten bissfest garen.

2. Die Rosinen kalt abwaschen, gut abtropfen lassen und im Zitronensaft marinieren. 100 g Schafskäse klein würfeln und mit den marinierten Rosinen und der Petersilie unter den gegarten Reis mischen. Alles salzen und pfeffern.

3. Die Weinblätter gründlich waschen. Die Blätter nach und nach auf Küchenkrepp ausbreiten, jeweils ½ EL Reis an das untere

Ende geben und das Blatt aufrollen. Die Seiten dabei nach innen einschlagen.

4. Die Röllchen eng nebeneinander in einen Topf legen, das Öl und die Brühe zugießen. Die Röllchen zugedeckt bei schwacher Hitze etwa 30 Minuten köcheln lassen.

5. Den Topf vom Herd nehmen und die Weinblätter im Sud lauwarm abkühlen lassen. Die Weinblätter mit Zitronenecken und dem restlichen, zerbröckelten Schafskäse garnieren.

Tipp

Abgepackte Weinblätter sind in einer Salzlake eingelegt. Vor dem Füllen sollten Sie die Blätter in einer großen Schüssel mit reichlich kaltem oder lauwarmem Wasser sehr gründlich waschen, damit die Röllchen später nicht zu salzig sind.

preiswert

vegetarisch ✔

Fisch

Knoblauch

für Gäste ✔

schnell

Vitalstoffe

Cholesterin

Für 4 Personen
- Zubereitungszeit: ca. 50 Min.
- ca. 450 kcal je Portion

Panierte Tomaten

Aus der Türkei

preiswert ✓

vegetarisch ✓

Fisch

Knoblauch

für Gäste

schnell ✓

Vitalstoffe

Cholesterin

Für 4 Personen

● Zubereitungszeit:
ca. 20 Min.
● ca. 370 kcal je
Portion

4 Fleischtomaten • etwas Salz • 4 frische Eier •

2 EL fein gehacktes Basilikum

150 g Semmelbrösel

5 EL Olivenöl

1. Die Tomaten waschen, trockenreiben, den Stielansatz entfernen und die Tomaten in etwa 1 cm dicke Scheiben schneiden. Die Scheiben auf einer Platte auslegen, mit Salz bestreuen und etwa 30 Minuten ziehen lassen. Die Eier mit dem Basilikum verquirlen.

2. Die Tomatenscheiben mit Küchenkrepp trockentupfen und in den Semmelbröseln wenden.

3. Die panierten Tomatenscheiben durch die Eimischung ziehen und erneut in den Semmelbröseln wenden. Die Panade andrücken.

4. Das Olivenöl in einer Pfanne erhitzen. Die panierten Tomatenscheiben darin auf beiden Seite goldgelb backen, mit Salz bestreuen und warm servieren.

Crostada

Aus Spanien

preiswert ✓

vegetarisch ✓

Fisch

Knoblauch ✓

für Gäste

schnell ✓

Vitalstoffe

Cholesterin

Für 4 Personen

● Zubereitungszeit:
ca. 20 Min.
● ca. 610 kcal je
Portion

200 g junger Manchego • 5 EL Weißwein •

etwas Salz • etwas weißer Pfeffer aus der Mühle

3 Knoblauchzehen • 1 EL frischer Oregano

1 Stangenweißbrot • 3 EL Olivenöl

1 frisches Ei

1 EL gehackte glattblättrige Petersilie

1. Den Manchego fein raspeln. Die Käseraspel mit dem Weißwein verrühren und mit Salz und Pfeffer würzen.

2. Den Knoblauch schälen und fein hacken. Den Oregano ebenfalls fein hacken und beides zur Käsemasse geben.

3. Dann den Backofen auf 250 °C (Umluft 230 °C; Gas Stufe 5) vorheizen und das Brot in etwa 1 ½ cm dicke Scheiben schneiden. 2 EL Olivenöl in einer Pfanne erhitzen und die Brotscheiben darin auf beiden Seiten knusprig braten.

4. Ein Backblech mit dem restlichen Olivenöl ausfetten und die Brotscheiben darauf auslegen. Die Käsemasse auf dem Brot verteilen. Das Ei verquirlen und auf den Käse streichen.

5. Alles auf der mittleren Schiene etwa 3 Minuten im Ofen überbacken. Die Crostadas mit der Petersilie bestreuen und sofort servieren.

Gemüsesuppe mit Pistou

Aus Südfrankreich

preiswert ✔

vegetarisch ✔

Fisch

Knoblauch ✔

für Gäste

schnell

Vitalstoffe ⬆

Cholesterin ⬇

Für 4 Personen

● Zubereitungszeit: ca. 1 ½ Std.
● ca. 840 kcal je Portion

200 g grüne Stangenbohnen

600 g andere frische Bohnen (z. B. weiße Bohnen, Feuerbohnen, Wachtelbohnen)

3 Zweige Thymian (ersatzweise ¼ TL get. Thymian) •
1 Lorbeerblatt • etwas Salz •
etwas schwarzer Pfeffer aus der Mühle

2 mittelgroße Kartoffeln • 2 Möhren •

2 kleine Zucchini

2 kleine Stangen Lauch

800 g Tomaten

1 großes Bund Basilikum • 3 Knoblauchzehen

6 EL geriebener Parmesan • ⅛ l Olivenöl

150 g Fadennudeln

1. Die grünen Bohnen waschen und abtropfen lassen. Spitzen und Stielansätze abschneiden, die Bohnen eventuell abfädeln und in etwa 3 cm lange Stücke schneiden.

2. Die anderen frischen Bohnen auspalen. Dafür die Hülsen aufbrechen und die Bohnenkerne herausnehmen. Die Bohnenkerne waschen und abtropfen lassen.

3. Bohnenkerne mit 1 ½ l Wasser in einen Topf geben. Thymian waschen und trockentupfen. Mit dem Lorbeerblatt, etwas Salz und Pfeffer zu den Bohnen geben. Aufkochen und zugedeckt bei schwacher Hitze 45 Minuten köcheln lassen. Ab und zu umrühren.

4. Inzwischen Kartoffeln und Möhren schälen, waschen, abtropfen lassen und in 1 cm große Würfel schneiden. Die Zucchini waschen, putzen und ebenso klein würfeln.

5. Den Lauch putzen. Dafür den weißen Wurzelansatz und das obere Viertel des Grüns abschneiden. Die Stangen längs halbieren, gut waschen und trockentupfen. Den Lauch in 1 cm dicke Scheiben schneiden.

6. Die Tomaten über Kreuz einritzen, kurz in kochendes Wasser tauchen, abschrecken und enthäuten. Die Tomaten vierteln, entkernen und das Fruchtfleisch fein würfeln. Etwa 3 EL der Tomatenwürfel beiseite stellen.

7. Für das Pistou das Basilikum waschen, trockentupfen und die Blätter abzupfen. Die Blätter, bis auf 12 Stück, fein hacken und in eine kleine Schüssel geben. Den Knoblauch schälen und durch die Presse dazudrücken.

8. Knoblauch und Basilikum mit den beiseite gestellten Tomatenwürfeln und dem Parmesan verrühren und das Öl unterrühren. Die Basilikum-Käse-Paste glatt rühren, sodass eine dicke Sauce entsteht. Das Pistou mit Salz und Pfeffer abschmecken und kalt stellen.

9. Nachdem die Bohnenkerne etwa 45 Minuten gekocht haben, die Kartoffel- und Möhrenwürfel hinzufügen und alles zugedeckt bei kleiner Hitze etwa 10 Minuten köcheln lassen. Dann die grünen Bohnen, die Zucchini und den Lauch hinzufügen. Ebenso zugedeckt etwa 10 Minuten köcheln lassen.

10. Die Tomatenwürfel zusammen mit den Fadennudeln in die Suppe geben und noch 10 Minuten bei mittlerer Hitze weiterkochen lassen. Die Suppe vom Herd nehmen, den Thymian und das Lorbeerblatt herausfischen.

11. Etwa 2 EL des Pistou in die Suppe rühren. Die Bohnen-Gemüse-Suppe mit Salz und Pfeffer abschmecken und mit den restlichen Basilikumblättern garnieren. Das restliche Pistou extra zur Suppe servieren.

Fenchelsuppe

Aus Italien

preiswert ✔

vegetarisch ✔

Fisch

Knoblauch

für Gäste

schnell ✔

Vitalstoffe ⬆

Cholesterin ⬇

Für 4 Personen

● Zubereitungszeit:
ca. 30 Min.
● ca. 80 kcal je
Portion

3 Schalotten • 3 Fenchelknollen (ca. 600 g)
1 EL Olivenöl •
1 l Gemüse- oder Fleischbrühe (Instant)
etwas Salz • etwas Pfeffer aus der Mühle
2 EL gehackte Petersilie

1. Die Schalotten schälen und fein würfeln. Die Fenchelknollen putzen, waschen und in Scheiben schneiden. Etwas Fenchelkraut für die Garnitur beiseite legen.

2. Die Schalotten im Olivenöl anbraten. Den Fenchel dazugeben und kurz mitbraten. Die Brühe dazugießen und die Suppe für etwa 20 Minuten bei schwacher Hitze kochen.

3. Das Gemüse durch ein Passiergerät drehen oder mit einem Mixstab pürieren. Das pürierte Gemüse mit der Brühe erneut aufkochen und mit Salz und Pfeffer abschmecken.

4. Die Suppe in Suppenteller geben und mit etwas gehackter Petersilie und dem Fenchelkraut bestreuen.

Tipps

Servieren Sie zu dieser Suppe mit Knoblauchbutter bestrichenes italienisches Weißbrot, frisch aus dem Ofen.

Sie können die Fenchelsuppe auch mit einem Schuss Weißwein, z. B. Soave, abschmecken.

Auf diese Art und Weise können Sie auch eine Zucchini- oder Brokkolisuppe herstellen.

Gazpacho
Aus Spanien

500 g Tomaten
1 Gewürzzwiebel · 1 Salatgurke ·
1 grüne Paprikaschote
3 Knoblauchzehen
2 Scheiben Toastbrot · 1 EL Rotweinessig ·
200 ml Tomatensaft · 3 EL Olivenöl · etwas Salz ·
etwas schwarzer Pfeffer

1. Die Tomaten über Kreuz einritzen, kurz überbrühen, abschrecken und enthäuten. Die Tomaten vierteln, die Stielansätze herausschneiden und entkernen. Das Fruchtfleisch grob würfeln.

2. Die Zwiebel und die Gurke schälen, die Paprikaschote waschen, halbieren, Stiel, Kern sowie weiße Häutchen entfernen und das Fruchtfleisch fein würfeln.

3. Den Knoblauch schälen, mit den Tomaten und gut der Hälfte des übrigen Gemüses mit dem Mixstab pürieren.

4. Das Toastbrot mit dem Essig und dem Tomatensaft beträufeln und kurz ziehen lassen. Das Brot mit dem Öl zum pürierten Gemüse geben und alles mit dem Mixstab cremig pürieren. Alles mit Salz und Pfeffer abschmecken und zugedeckt 2 Stunden im Kühlschrank durchziehen lassen.

5. Vor dem Servieren die Suppe noch einmal durchrühren und abschmecken. Das übrige Gemüse hineingeben.

preiswert ✔

vegetarisch ✔

Fisch

Knoblauch ✔

für Gäste

schnell

Vitalstoffe ↟

Cholesterin ↡

Für 4 Personen
- Zubereitungszeit:
  ca. 30 Min.
- Kühlzeit:
  ca. 2 Std.
- ca. 170 kcal je
  Portion

Fischsuppe mit Safran

Aus Südfrankreich

preiswert

vegetarisch

Fisch ✔

Knoblauch ✔

für Gäste ✔

schnell

Vitalstoffe

Cholesterin

Für 4 Personen
- Zubereitungszeit: ca. 1 Std.
- ca. 830 kcal je Portion

800 g küchenfertiger Rifffisch (z. B. Knurrhahn, Wittling, Meerjunker, Brasse)

4 Tomaten • 3 Zwiebeln • 140 ml Olivenöl

5 Knoblauchzehen

etwas getrocknetes Fenchelkraut •

2 Msp. Safran • 3 EL Pastis • etwas Salz •
etwas schwarzer Pfeffer aus der Mühle

1 rote Chilischote (oder $\frac{1}{2}$ TL Cayennepfeffer) •

3 Knoblauchzehen

1 kleine mehlig kochende Kartoffel vom Vortag •
etwas Salz

$\frac{1}{2}$ Baguette (oder anderes helles Brot) •

60 g geriebener Parmesan

1. Für die Suppe die Fische eventuell schuppen und außen und innen unter kaltem Wasser gründlich waschen. Köpfe und Schwänze abschneiden und den Fisch in größere Stücke schneiden.

2. Die Tomaten waschen, trockenreiben und vierteln, dabei Stielansätze und Kerne entfernen. Die Zwiebeln schälen und hacken. 2 EL Olivenöl in einem großen Topf erhitzen und die Zwiebeln darin glasig anbraten.

3. Die Fischstücke zugeben und alles etwa 5 Minuten bei mittlerer Hitze von allen Seiten anbraten. Knoblauch schälen, grob hacken und mit den Tomaten zum Fisch geben.

4. Das Fenchelkraut, 1 Msp. Safran und den Pastis zufügen. Das Ganze etwas salzen und pfeffern und 1 $\frac{1}{2}$ l Wasser zugießen. Alles einmal aufkochen lassen und bei mittlerer Hitze etwa 20 Minuten offen kochen. Dabei ab und zu umrühren.

5. Inzwischen die Sauce (Rouille) zubereiten. Dafür die Chilischote halbieren, Stielansatz und Kerne entfernen. Die Chilischoten-

hälften in einen Mörser geben. Die Knoblauchzehen schälen und mit 1 Msp. Safran zur Chilischote geben. Alles im Mörser fein zerstoßen.

6. Die Kartoffel pellen, grob würfeln, zur Pfefferschote geben und alles fein zerdrücken. Dann wie bei der Zubereitung einer Mayonnaise verfahren: Zuerst nur ein paar Tropfen Olivenöl zugeben und mit dem Schneebesen glatt rühren. Das restliche Olivenöl nach und nach einrühren. Wichtig: Erst dann neues Öl zugeben, wenn die Sauce glatt und homogen ist. Die Sauce mit Salz abschmecken und kalt stellen.

7. Ein feines Sieb über einen zweiten großen Topf hängen. Die Fischstücke, das Gemüse und die Flüssigkeit mit einem Holzlöffel durch das Sieb streichen. Die Suppe abschmecken und warm halten.

8. Das Baguette in feine Scheiben schneiden und rösten. Die heiße Suppe mit den Brotscheiben, der Rouille und dem Parmesan reichen.

Tipps

Die gekochte Kartoffel ersetzt die Eigelbe in der Rouille. Sie können aber die Kartoffel bzw. die Eigelbe auch durch 2 EL Brotkrumen ersetzen.

Die Kerne der Chilischote sind rohr scharf. Deshalb entfernen Sie sie am besten mit einem spitzen Messer – danach die Hände gut waschen.

Wenn Sie keinen Mörser haben, können Sie die Chilischote, den Knoblauch, den Safran und die Kartoffel auch in einen hohen Rührbecher geben und alles mit dem Mixstab fein pürieren.

Bauernsalat

Aus Griechenland

preiswert

vegetarisch ✔

Fisch

Knoblauch

für Gäste

schnell ✔

Vitalstoffe ✦

Cholesterin

Für 4 Personen

● Zubereitungszeit:
  ca. 30 Min.
● ca. 500 kcal je
  Portion

1 Salatgurke • 300 g Tomaten
je 1 gelbe und grüne Paprikaschote • 2 Zwiebeln
1 kleiner Eisbergsalat
300 g griechischer Schafskäse
10 schwarze entsteinte Oliven
1 Knoblauchzehe • 4 EL Rotweinessig •
2 EL Tomatensaft • etwas Salz • etwas schwarzer
Pfeffer aus der Mühle • 6 EL Olivenöl
3 Zweige frischer Oregano

1. Die Gurke waschen, schälen, längs halbieren, entkernen und in Scheiben schneiden. Die Tomaten waschen, trockenreiben, von den Stielansätzen befreien und achteln.

2. Die Paprikaschoten waschen, trockenreiben, putzen, vierteln, entkernen und in feine Steifen schneiden. Die Zwiebeln schälen und in sehr feine Ringe schneiden.

3. Den Eisbergsalat verlesen, waschen und trockenschütteln. Die Salatblätter in mundgerechte Stücke zupfen und dabei die Strunkansätze und die festen Blattrippen entfernen.

4. Den Käse sehr gut abtropfen lassen und in etwa 2 cm große Würfel schneiden.

5. Die vorbereiteten Salatzutaten mit den Oliven in eine große Salatschüssel geben und alles gründlich vermischen.

6. Den Knoblauch schälen und durch die Presse in eine kleine Schüssel drücken. Mit Essig und Tomatensaft verrühren und mit Salz und Pfeffer würzen. Nach und nach das Öl darunter schlagen.

7. Die Oreganoblätter von den Stielen zupfen und fein hacken. Die Blätter unter die Sauce rühren. Die Salatsauce auf den Salat träufeln und vorsichtig darunter mischen.

Tomatensalat mit Frühlingszwiebeln

Aus Italien

6 feste Fleischtomaten • etwas Salz
4 EL Olivenöl • 1 EL Rotweinessig •
etwas schwarzer Pfeffer aus der Mühle
etwa 10 große Basilikumblätter •
4 Frühlingszwiebeln

1. Die Tomaten waschen, in Scheiben schneiden, mit etwas Salz bestreuen und für etwa 10 Minuten ruhen lassen.

2. Den ausgetretenen Tomatensaft abgießen und die Tomaten mit dem Olivenöl und dem Essig beträufeln. Den schwarzen Pfeffer direkt aus der Mühle auf die Tomaten mahlen.

3. Das Basilikum waschen, zerzupfen und auf den Tomaten verteilen. Die Frühlingszwiebeln putzen, waschen, in dünne Ringe schneiden und auf dem Salat verteilen.

Tipps

Sie können diesem Salat einen aromatischen Geschmack verleihen, wenn Sie den Rotweinessig mit ein wenig Balsamessig mischen.

Frühlingszwiebeln lassen sich am besten mit einem großen, schweren Küchenmesser in dünne Ringe schneiden.

preiswert ✔
vegetarisch ✔
Fisch
Knoblauch
für Gäste
schnell ✔
Vitalstoffe ⬆
Cholesterin ⬇

Für 4 Personen
● Zubereitungszeit:
 ca. 15 Min.
● ca. 160 kcal je
 Portion

Toskanischer Brotsalat

Aus Italien

preiswert ✔

vegetarisch ✔

Fisch

Knoblauch ✔

für Gäste

schnell ✔

Vitalstoffe

Cholesterin ♦

Für 4 Personen

● Zubereitungszeit:
ca. 25 Min.
● ca. 610 kcal je
Portion

600 g altbackenes Brot
etwas Salz • 2 EL Rotweinessig •
6 EL Olivenöl • 2 Knoblauchzehen
2 große, rote Zwiebeln • 16 Basilikumblätter
etwas schwarzer Pfeffer aus der Mühle
4 reife, feste Tomaten

1. Das Brot in grobe Scheiben schneiden, in eine große Schüssel geben und dann in kaltem Wasser 10–15 Minuten einweichen.

2. Inzwischen etwas Salz mit dem Essig verrühren. Das Olivenöl nach und nach darunter rühren. Den Knoblauch schälen und durch die Presse dazudrücken.

3. Die Zwiebeln schälen und in Ringe schneiden. Das Basilikum waschen und trockentupfen. Kleine Basilikumblätter ganz lassen, größere grob zerzupfen.

4. Das Brot auspressen, zerzupfen und in eine Schüssel geben. Die Zwiebeln und das Basilikum unter die Brotstücke heben.

5. Alles mit der Essigsauce übergießen und gut vermengen. Den Brotsalat kräftig mit Pfeffer aus der Mühle abschmecken.

6. Die Tomaten waschen, die Stielansätze entfernen, dann sechsteln oder achteln. Die Stücke leicht salzen und den Salat damit garnieren.

Tipp

Sie können weißes Landbrot, Misch- oder auch ein kräftiges Sauerteigbrot nehmen. Dunkles Fladenbrot schmeckt ebenfalls ausgezeichnet in diesem Brotsalat.

Weißer Bohnensalat

Aus der Türkei

etwas Salz • 1 Lorbeerblatt •
1 kg frische weiße Bohnen
6 kleine Frühlingszwiebeln
4 Tomaten
1 Bund Basilikum • Saft von 1 Zitrone •
etwas schwarzer Pfeffer aus der Mühle
6 EL Olivenöl

1. Wasser in einem großen Topf mit etwas Salz und dem Lorbeerblatt zum Kochen bringen. Inzwischen die Bohnen auspalen und waschen.

2. Die Bohnen in das kochende Wasser geben und etwa 15 Minuten zugedeckt bei mittlerer Hitze bissfest garen. Die Frühlingszwiebeln waschen, putzen und fein hacken.

3. Die Tomaten über Kreuz einritzen, kurz in kochendes Wasser tauchen, abschrecken und enthäuten. Die Stielansätze entfernen, die Tomaten vierteln, entkernen und das Fruchtfleisch fein würfeln.

4. Das Basilikum waschen, trockentupfen und die abgezupften Blätter fein hacken. Den Zitronensaft mit etwas Salz und Pfeffer in eine Schüssel geben und verrühren.

5. Das Olivenöl, die Frühlingszwiebeln, die Tomaten und das Basilikum zufügen und alles gut vermischen. Die fertig gegarten Bohnen abgießen. Die noch warmen Bohnen in die Sauce geben, umrühren und abschmecken.

preiswert ✔

vegetarisch ✔

Fisch

Knoblauch

für Gäste

schnell

Vitalstoffe ✦

Cholesterin ✦

Für 4 Personen
- Zubereitungszeit:
  ca. 40 Min.
- ca. 480 kcal je
  Portion

Fenchel-Nuss-Salat

Aus Südfrankreich

50 g Walnusskerne

Saft von 1/2 Zitrone • etwas Salz • etwas schwarzer Pfeffer aus der Mühle • 80 g geriebener Parmesan • 6 EL Olivenöl • 4 EL Weißwein

4 kleine oder 2 große Fenchelknollen

1 kleines Bund Petersilie

1. Für die Sauce die Walnüsse in einem Mörser oder im elektrischen Zerrhacker grob zermahlen.

2. In einer Schüssel den Zitronensaft mit etwas Salz und Pfeffer verrühren. Walnüsse, Parmesan, Olivenöl und Weißwein zufügen und alles gut vermischen.

3. Die Fenchelknollen putzen. Dafür die Knollen längs vierteln, die äußeren Schalen und die harten Stiele entfernen. Das Fenchelkraut aufbewahren. Die Fenchelviertel waschen, trockentupfen und in hauchdünne

Scheiben schneiden. Den Fenchel zur Sauce geben.

4. Die Petersilie waschen, trockentupfen und mit dem Fenchelkraut fein hacken. Beides zum Fenchel in die Schüssel geben.

5. Alles gut vermischen und etwa 1 Stunde im Kühlschrank ziehen lassen. Den Salat mit Salz und Pfeffer abschmecken.

Tipp

Am besten schmeckt dieser Salat im Herbst mit frischen Walnüssen. Entfernen Sie dann aber die bräunliche Haut, die die Nusskerne umgibt, sonst schmecken sie zu bitter.

preiswert

vegetarisch ✔

Fisch

Knoblauch

für Gäste ✔

schnell ✔

Vitalstoffe ♠

Cholesterin ♦

Für 4 Personen

● Zubereitungszeit: ca. 20 Min.
● Kühlzeit: ca. 1 Std.
● ca. 370 kcal je Portion

Orangen-Spinat-Salat

Aus Spanien

preiswert ✔

vegetarisch ✔

Fisch

Knoblauch

für Gäste ✔

schnell ✔

Vitalstoffe ◆

Cholesterin ▼

3 Orangen

200 g junger Blattspinat • 2 rote Zwiebeln

3 EL Balsamessig • etwas Salz • etwas schwarzer
Pfeffer aus der Mühle • 6 EL Olivenöl •
40 g entsteinte, schwarze Oliven

Für 4 Personen

● Zubereitungszeit:
   ca. 30 Min.
● ca. 260 kcal je
   Portion

1. Die Schalen der Orangen mit einem
Messer von oben nach unten so abschneiden, dass die weiße Innenhaut mit entfernt
wird. Die Fruchtstücke zwischen den Trenn-
häuten herausschneiden. Den dabei austre-
tenden Saft auffangen.

2. Den Spinat gut waschen und verlesen,
große Stiele entfernen. Die Zwiebeln schälen
und in feine Streifen schneiden.

3. Den Essig mit Salz, Pfeffer, etwas auf-
gefangenem Orangensaft und dem Öl verquirlen. Die Orangenfilets, den Spinat und die
Zwiebeln darin wenden. Die Oliven darauf
streuen.

Tipps

Wenn Sie keinen jungen Spinat bekommen, können Sie auch Römersalat, den Sie in mundgerechte
Streifen schneiden, nehmen.

Dieser Salat schmeckt sehr gut mit einem
Joghurtdressing. Dann sollten Sie das Dressing
leicht süß abschmecken und die Oliven weglassen.

Kaninchen mit Kräutern

Aus Südfrankreich

preiswert

vegetarisch

Fisch

Knoblauch ✓

für Gäste ✓

schnell

Vitalstoffe

Cholesterin

Für 4 Personen

● Zubereitungszeit:
   ca. 1 ¼ Std.
● ca. 1040 kcal je
   Portion

1 küchenfertig vorbereitetes Kaninchen
(ca. 1 ½ kg) mit der Leber •
120 g geräucherter Speck (am Stück) • 1 Zwiebel •
2 Schalotten • 3 Knoblauchzehen
2 Möhren • 1 Stange Bleichsellerie •
10 Zweige Thymian • 5 Zweige Bohnenkraut
(ersatzweise ½ TL getrocknetes Bohnenkraut)
2 EL Olivenöl
5 EL Weinbrand • 1 Lorbeerblatt •
½ l trockener Weißwein
etwas Salz • etwas schwarzer Pfeffer aus der Mühle
etwa 60 g Butter

1. Das Kaninchen vom Fleischer in 8 Stücke teilen lassen. Die Stücke von Häutchen und Sehnen befreien, zusammen mit der Leber kalt abspülen und trockentupfen. Die Schwarte des Specks entfernen und den Speck in größere Würfel schneiden. Die Zwiebeln, die Schalotten und den Knoblauch schälen und fein hacken.

2. Die Möhren schälen, waschen und in Scheiben schneiden. Den Bleichsellerie putzen, waschen und ebenfalls in Scheiben schneiden. Thymian und Bohnenkraut waschen und trockentupfen.

3. In einem großen Topf 1 EL Olivenöl erhitzen und die Zwiebeln, die Schalotten, die Möhren und den Sellerie darin etwa 2 Minuten anbraten. Das Gemüse aus dem Topf nehmen und beiseite stellen. Den Speck in den Topf geben, von allen Seiten anbräunen und etwas auslassen. Den Speck wieder herausnehmen.

4. Das restliche Olivenöl in dem Topf erhitzen und die Kaninchenstücke darin von allen Seiten bei mittlerer bis großer Hitze braun anbraten. Den Weinbrand in eine Schöpfkelle geben, anzünden und über das Fleisch gießen. Dann Gemüse, Speck, Knoblauch, Thymian, Bohnenkraut und Lorbeer hinzufügen und alles mit dem Weißwein aufgießen.

5. Das Ganze etwas salzen und pfeffern und zugedeckt etwa 45 Minuten bei schwacher Hitze schmoren lassen. Ab und zu die Kaninchenstücke im Gemüsesud wenden.

6. Inzwischen 1 EL Butter in einer kleinen Pfanne zerlassen und darin die Kaninchenleber bei mittlerer Hitze 2–3 Minuten von beiden Seiten anbraten.

7. Die restliche Butter in Würfel schneiden und zurück in den Kühlschrank stellen. Die fertig gegarten Kaninchenstücke und die Speckwürfel mit einer Schaumkelle aus dem Topf nehmen, beides auf einer Platte anrichten und zugedeckt beiseite stellen. Ein feines Sieb über einen kleinen Topf hängen und den Sud mit einem Holzlöffel durch das Sieb streichen.

8. Den Sud erneut zum Kochen bringen und die erkalteten Butterwürfel nacheinander hineinrühren.

9. Die Sauce mit etwas Salz und Pfeffer abschmecken und über das Kaninchen geben. Die gebratene Leber dazuservieren.

Sardellen-Kaninchen-Braten

Aus Spanien

1 vom Fleischer entbeintes Kaninchen (ca. 1 ¹/₂ kg)
25 Sardellenfilets (aus dem Glas) • etwas schwarzer
Pfeffer aus der Mühle • 100 g geriebener Parmesan
150 g geräucherter Speck (am Stück) •
12 kleine weiße Zwiebeln
2 EL Olivenöl
¹/₂ l trockener Weißwein
5 Tomaten • etwas Salz

1. Das Fleisch kalt abspülen, trockentupfen und ausbreiten. Die Sardellenfilets
kalt abspülen und trockentupfen. 20 Filets
grob hacken und auf dem Kaninchen verteilen. Pfeffer und Parmesan darüber streuen.

2. Das Kaninchen zusammenrollen, mit
Küchengarn umwickeln und zubinden. Das
Fleisch von außen pfeffern. Den Speck von
der Schwarte befreien und in Würfel schneiden. Die Zwiebeln schälen und ganz lassen.

3. Das Öl in einem Topf erhitzen und den
Braten darin von allen Seiten bei mittlerer bis
großer Hitze anbraten. Das Fleisch herausnehmen und beiseite stellen. Zwiebeln und
Speck im restlichen Bratöl anbraten.

4. Das Fleisch wieder in den Topf geben.
Alles mit Weißwein und 100 ml Wasser aufgießen und etwa 30 Minuten zugedeckt bei
schwacher Hitze schmoren lassen. Den
Kaninchenbraten dabei einmal wenden.

5. Die Tomaten enthäuten, vierteln, entkernen und das Fruchtfleisch würfeln. Nach
30 Minuten Garzeit die Tomaten und die restlichen Sardellen zum Kaninchen geben und
alles weitere 20 Minuten zugedeckt garen
lassen. Dabei den Braten einmal wenden. Das
Kaninchen herausnehmen, das Garn entfernen
und das Fleisch in Scheiben schneiden. Die
Sauce mit Salz und Pfeffer abschmecken.

preiswert

vegetarisch

Fisch ✔

Knoblauch

für Gäste ✔

schnell

Vitalstoffe

Cholesterin

Für 4 Personen
● Zubereitungszeit:
  ca. 1 ¹/₂ Std.
● ca. 970 kcal je
  Portion

Geschmorte Poularde

Aus Italien

1 Poularde (etwa 1 $\frac{1}{2}$ kg) • 4 Knoblauchzehen •
2 geschälte Tomaten (aus der Dose)
4 EL Olivenöl
je 1 Rosmarin- und Salbeizweig • 3 Lorbeerblätter •
50 g entsteinte, schwarze Oliven •
300 ml Weißwein • etwas Salz • etwas Pfeffer
aus der Mühle • einige Fenchelsamen

1. Die Poularde waschen, trockentupfen und in 8 Stücke zerteilen. Die Knoblauchzehen schälen und grob zerdrücken. Die Tomaten grob würfeln.

2. Die Poulardenstücke im heißen Olivenöl von allen Seiten kräftig anbraten.

3. Die Rosmarin- und Salbeiblätter von den Zweigen zupfen und mit dem Knoblauch, den Lorbeerblättern und den Oliven zur Poularde geben. Alles mit dem Wein ablöschen. Das Ganze mit Salz und Pfeffer würzen und den Fenchelsamen darauf streuen.

4. Die Poularde zugedeckt etwa $\frac{1}{2}$ Stunde bei schwacher Hitze schmoren lassen. Falls nötig, noch etwas Wein nachgießen. Es soll keine Sauce, sondern nur dick eingekochter Bratensaft entstehen.

5. Die Poulardenstücke auf Tellern anrichten und mit dem Bratensaft begießen.

Tipp

Servieren Sie zu diesem Gericht Reis. Pro Person brauchen Sie etwa 50 g Reis, den Sie in der doppelten Menge Wasser quellen lassen.

preiswert ✓
vegetarisch
Fisch
Knoblauch ✓
für Gäste
schnell
Vitalstoffe
Cholesterin

Für 4 Personen
● Zubereitungszeit:
ca. 1 $\frac{1}{4}$ Std.
● ca. 810 kcal je
Portion

Ossobuco

Aus Italien

preiswert

vegetarisch

Fisch

Knoblauch ✔

für Gäste ✔

schnell

Vitalstoffe

Cholesterin

4 Scheiben von der Kalbshachse (à etwa 250 g) •
2 Zwiebeln • 1 Knoblauchzehe

2 EL Olivenöl • etwas Salz • etwas Pfeffer aus der
Mühle

$^1/_2$ l Weißwein (z. B. Vernaccia) • $^1/_2$ Lorbeerblatt •
4 EL gemischte frische gehackte Kräuter (Rosma-
rin, Basilikum, Salbei, Oregano)

1 TL Speisestärke • 3 EL Fleischbrühe (Instant)

1 EL gehackte glatte Petersilie

Für 4 Personen

● Zubereitungszeit:
ca. 3 Std.
● ca. 500 kcal je
Portion

1. Das Fleisch waschen und trockentupfen. Die Zwiebeln und den Knoblauch
schälen. Die Zwiebeln fein würfeln und den
Knoblauch durch die Presse drücken.

2. Das Olivenöl in einem Bräter erhitzen
und das Fleisch darin beidseitig leicht anbraten. Alles salzen und pfeffern. Die Zwiebeln
dazugeben und unter Wenden glasig braten.

3. Etwa drei Viertel des Weißweins, den
Knoblauch, das Lorbeerblatt und die Hälfte
der Kräuter zum Fleisch geben. Alles zugedeckt 1 $^1/_2$ – 2 Stunden bei schwacher Hitze
schmoren lassen. Das Fleisch ab und zu mit
der Bratenflüssigkeit begießen.

4. Das Fleisch nach der Schmorzeit aus
dem Bräter nehmen und zugedeckt warm
stellen.

5. Den Bratenfond durch ein Sieb geben,
in den Bräter zurückgießen und mit dem
restlichen Weißwein im offenen Bräter auf
die Hälfte einkochen. Die Stärke mit der
Brühe anrühren, zur Sauce geben und weiterkochen, bis diese leicht sämig wird.

6. Die restlichen Kräuter zur Sauce geben
und alles erneut mit Salz und Pfeffer abschmecken.

7. Das Fleisch kurz in der Sauce erhitzen,
mit der Sauce auf Tellern anrichten und mit
Petersilie bestreut servieren.

Tipps

Die frischen Kräuter halten sich mehrere Tage,
wenn man sie nach Sorten getrennt im Frischhalte-
beutel im Kühlschrank aufbewahrt oder in frisches
Wasser stellt.

Wenn Sie dieses Gericht Gästen servieren möchten, können Sie es ruhig schon am Tag vorher zubereiten. Aufgewärmt schmeckt dieses Schmor-
gericht ebenso gut. Dazu passen besonders gut
Tagliatelle und ein würziger Tomatensalat.

Saltimbocca

Aus Italien

preiswert

vegetarisch

Fisch

Knoblauch

für Gäste ✔

schnell ✔

Vitalstoffe

Cholesterin

Für 4 Personen

- Zubereitungszeit: ca. 30 Min.
- ca. 270 kcal je Portion

8 kleine, dünne Kalbsschnitzel (à 60 g) • 8 kleine Salbeiblätter • 8 Scheiben luftgetrockneter roher Schinken

2 EL Butterschmalz

3 EL Weißwein • $\frac{1}{8}$ l Kalbsfond (aus dem Glas) • etwas Salz • etwas Pfeffer aus der Mühle

1. Die Schnitzel waschen, trockentupfen, flach klopfen, auf einer Platte ausbreiten und mit je 1 gewaschenen Salbeiblatt und 1 Scheibe Schinken belegen. Diese Auflage mit je 2 Holzspießchen fixieren.

2. Das Butterschmalz in einer großen Bratpfanne erhitzen und die Saltimbocca darin unter Wenden in 3–4 Minuten goldbraun braten. Die Saltimbocca aus der Pfanne nehmen und warm stellen.

3. Den Bratensaft mit dem Weißwein ablöschen, den Kalbsfond dazugeben und das Ganze auf zwei Drittel einkochen. Zum Schluss die Sauce mit Salz und Pfeffer abschmecken.

4. Die Saltimbocca auf Tellern anrichten und mit der Weinsauce beträufeln.

Tipps

Als Beilage können Sie Bandnudeln, Spaghetti, hausgemachte Nudeln oder Risotto servieren.

Übersetzt heißt Saltimbocca „Spring in den Mund!" So kann es passieren, dass diese appetitlichen Happen erst gar nicht mehr den Weg von der Pfanne auf den Teller schaffen.

Polentaringe gefüllt mit Hackfleisch

Aus Italien

preiswert ✔

vegetarisch

Fisch

Knoblauch

für Gäste ✔

schnell

Vitalstoffe

Cholesterin

1 l Fleischbrühe (Instant) • 250 g feiner Maisgrieß
3 EL Butter • 200 g Schweinehackfleisch
2 rohe grobe Bratwürste • 1 EL Tomatenmark •
etwas Salz • etwas Pfeffer aus der Mühle •
6 EL Rotwein
2 EL gehackte Petersilie

Für 4 Personen
- Zubereitungszeit: ca. 1 ½ Std.
- ca. 730 kcal je Portion

1. Die Brühe zum Kochen bringen. Den Maisgrieß einrieseln lassen und alles unter Rühren kurz aufkochen lassen. Den Brei etwa 30 Minuten bei schwacher Hitze zugedeckt ausquellen lassen.

2. Nach der Quellzeit die Polenta in 4 kleine Ringförmchen geben und erkalten lassen. Die Butter zerlassen und das Hackfleisch darin anbraten.

3. Das Brät aus den Würsten und das Tomatenmark zum Hackfleisch geben. Alles vermischen und mit Salz und Pfeffer würzen. Das Ganze mit dem Wein ablöschen.

4. Fleisch und Wurstbrät bei schwacher Hitze etwa 1 Stunde zugedeckt schmoren lassen. Wenn nötig, ab und zu 1 EL Wasser hinzufügen. Zuletzt die gehackte Petersilie darunter mischen.

5. Dann den Backofen auf 150 °C (Umluft 120 °C; Gas Stufe 1–2) vorheizen. Etwa 30 Minuten vor Ende der Garzeit des Fleisches die Polenta aus den Formen auf eine Platte stürzen, mit der Butter bestreichen und im Backofen erwärmen. Zum Servieren das Fleisch in der Mitte der Polentaringe anrichten.

Pizza alla Napoletana

Aus Italien

500 g Mehl • 1 P. Trockenhefe (7 g) •
$\frac{1}{2}$ TL Zucker • etwas Salz
3 vollreife Fleischtomaten
5 EL Olivenöl • etwas Pfeffer aus der Mühle •
300 g Büffelmozzarella
etwas Öl zum Einfetten
etwas Mehl zum Ausrollen
6–8 Sardellenfilets (aus dem Glas)
6 klein zerzupfte Basilikumblätter

1. Für den Teig Mehl, Hefe, 250 ml lauwarmes Wasser, Zucker und 1 EL Salz in eine Schüssel geben und alles zu einem geschmeidigen Teig verkneten.

2. Aus dem Teig 2 gleich große Kugeln formen. Jede Kugel in eine Schüssel legen und mit einem Tuch zugedeckt an einem warmen Ort auf das doppelte Volumen gehen lassen.

3. Inzwischen den Belag vorbereiten. Dazu die Tomaten enthäuten, halbieren, entkernen, ausdrücken und in kleine Würfel schneiden.

4. Die Tomaten in 2 EL Öl andünsten, salzen und pfeffern. Den Mozzarella abtropfen lassen und in feine Scheiben schneiden. Den Backofen bis zur maximalen Temperatur vorheizen und 2 Backbleche dünn einölen.

5. Die Teigkugeln auf bemehlter Arbeitsfläche zu etwa $\frac{1}{2}$ cm dicken, runden Fladen (etwa 28 cm Ø) ausrollen.

6. Die Fladen auf die Bleche legen und belegen: Zunächst die Tomatenwürfel auf den Böden verteilen. Die Mozzarellascheiben und dann die Sardellenfilets darauf geben.

7. Das Basilikum auf dem Belag verteilen, etwas Pfeffer darauf mahlen und alles mit dem restlichen Öl beträufeln. Die Pizza auf mittlerer Schiene 15–20 Minuten backen.

preiswert ✔
vegetarisch
Fisch ✔
Knoblauch
für Gäste
schnell
Vitalstoffe
Cholesterin

Für 4 Personen
● Zubereitungszeit:
  ca. 1 Std.
● Gehzeit:
  ca. 40 Min.
● Backzeit:
  ca. 20 Min.
● ca. 780 kcal je
  Portion

Spaghetti mit roher Tomatensauce

Aus Italien

1 kg reife Tomaten
1 Knoblauchzehe • 6–7 EL Olivenöl
etwas Salz • etwas Pfeffer aus der Mühle
400 g Spaghetti

1. Die Tomaten über Kreuz einritzen, kurz heiß überbrühen, abschrecken und enthäuten. Die Tomaten halbieren, die Kerne und etwas Saft ausdrücken. Das Tomatenfleisch klein schneiden.

2. Die Knoblauchzehe schälen und durch die Presse zum Tomatenfleisch drücken. Das Ganze mit dem Öl mischen und alles 1–2 Stunden an einem kühlen Ort durchziehen lassen.

3. Die Sauce durch ein feinmaschiges Sieb drücken oder mit dem Mixstab pürieren und mit Salz und Pfeffer abschmecken.

4. Die Spaghetti in reichlich Salzwasser in etwa 10 Minuten bissfest kochen, in einem Sieb abtropfen lassen und mit der Sauce vermischen.

Tipp

Im Sommer können Sie dieses Rezept sehr gut mit frischen, sonnengereiften Tomaten zubereiten. Während der restlichen Jahreszeit sollten Sie auf Dosentomaten zurückgreifen.

preiswert ✔

vegetarisch ✔

Fisch

Knoblauch ✔

für Gäste

schnell ✔

Vitalstoffe ▲

Cholesterin ▼

Für 4 Personen

● Zubereitungszeit: ca. 30 Min.
● Kühlzeit: ca. 1–2 Std.
● ca. 580 kcal je Portion

Tortellini mit Salbeibutter

Aus Italien

preiswert ✔

vegetarisch

Fisch

Knoblauch

für Gäste ✔

schnell

Vitalstoffe

Cholesterin

Für 4 Personen

- Zubereitungszeit:
  ca. 1 Std.
- Ruhezeit:
  ca. 2 Std.
- ca. 640 kcal je
  Portion

300 g Mehl • 1 TL Salz • 4 frische Eier
180 g mageres Schweinefleisch • 180 g Kalb- oder
Putenfleisch • 6 EL Butter
etwas Pfeffer aus der Mühle
25 g luftgetrockneter Schinken (z. B. Parma-
schinken) • 2 EL Ricotta oder Speisequark •
100 g geriebener Parmesan • etwas Muskat
3–4 Salbeiblätter

1. Für den Teig Mehl und ¹/₂ TL Salz in eine große Schüssel geben. Eine Mulde ins Mehl drücken. 3 Eier hinzufügen und das Mehl zuerst mit einer Gabel unterrühren und dann mit den Händen unterkneten.

2. Den Teig in 2–3 Stücke teilen und diese nochmals gut durchkneten, bis der Teig glatt ist. Den Teig in Klarsichtfolie eingeschlagen etwa 1 Stunde ruhen lassen.

3. Für die Füllung beide Fleischsorten in dünne Scheiben schneiden und separat halten. 2 EL Butter zerlassen und zuerst das Schweinefleisch darin anbraten. Etwa 5 Minuten später das Kalb- bzw. Putenfleisch hinzufügen und alles weiterbraten, bis auch dieses Farbe angenommen hat. Die Fleischstücke abkühlen lassen.

4. Das Fleisch mit Salz und Pfeffer würzen und durch die mittlere Scheibe des Fleischwolfs drehen oder mit einem großen Messer fein hacken.

5. Den Schinken sehr klein schneiden und mit gehacktem Fleisch, Ricotta, Parmesan und dem restlichen Ei vermischen. Die Masse mit Salz, Pfeffer und Muskat abschmecken und bis zur Weiterverwendung kühl stellen.

6. Den Nudelteig dünn ausrollen, dann in Quadrate von 5 cm Seitenlänge schneiden.

7. In die Mitte jedes Teigquadrats etwa ¹/₂ TL Füllung geben. Die Quadrate zu Dreiecken falten, wobei die Ränder des oberen Dreieckes nicht ganz auf dem unteren liegen dürfen, sondern etwa 3 mm zurückgesetzt sein sollten.

8. Die Ränder der Dreiecke andrücken, damit die Füllung nicht herausquillt. Die Dreiecke so zwischen die Finger nehmen, dass die lange Kante nach unten zeigt. Nun die obere Spitze nach innen klappen und mit leichtem Druck des Zeigefingers fixieren.

9. Die beiden Ecken der langen Kante um den Zeigefinger wickeln, sodass ein Ring entsteht. Die beiden Enden übereinander legen und fest zusammendrücken, damit der Ring geschlossen wird.

10. Die Tortellini nebeneinander auf ein Küchentuch aus Stoff legen. Dabei dürfen sie sich jedoch nicht berühren. Die Tortellini bis zur Weiterverwendung etwa 1 Stunde trocknen lassen. Sollten sie länger liegen bleiben, die Tortellini ab und zu wenden und dabei aufpassen, dass sie sich nicht berühren.

11. Die Tortellini in siedendem Salzwasser 4–6 Minuten kochen. Dabei öfter prüfen, ob sie gar sind.

12. Die Salbeiblätter waschen und von Hand klein zupfen. Die restliche Butter zerlassen und den Salbei kurz darin andünsten. Die Salbeibutter mit Salz und Pfeffer abschmecken und auf die Tortellini träufeln.

Gorgonzolarisotto mit Lachs

Aus Italien

preiswert

vegetarisch

Fisch ✔

Knoblauch ✔

für Gäste

schnell ✔

Vitalstoffe

Cholesterin

Für 4 Personen

● Zubereitungszeit:
ca. 45 Min.
● ca. 950 kcal je
Portion

700 g Lachsfilet • etwas Meersalz • etwas Pfeffer aus der Mühle • 2 EL Zitronensaft • 4 EL Olivenöl 50 g Zwiebeln • 1 Knoblauchzehe • 250 g Rundkornreis • 2 Salbeiblätter • etwas Oregano 6 EL Weißwein • 200 g Gorgonzola 500–600 ml Hühnerbrühe (Instant) 2 EL Mehl • 2 frische Eier 50 g Butter

1. Aus dem Lachsfilet 12 kleine Schnitzel schneiden. Diese mit Meersalz und Pfeffer bestreuen und mit dem Zitronensaft und 1 EL Olivenöl beträufeln.

2. Die Zwiebeln schälen und fein würfeln. Den Knoblauch ebenfalls schälen und zerdrücken. Beides in 1 EL Olivenöl anbraten. Reis, Salbei und wenig Oregano dazugeben.

3. Den Reis dazugeben, glasig braten und mit dem Weißwein ablöschen. Den Gorgonzola würfeln, zwei Drittel davon zum Reis geben und alles vorsichtig verrühren.

4. Den Risotto bei milder Hitze im offenen Topf etwa 16 Minuten garen. Dabei die Brühe nach und nach dazugießen. Der Reis muss fast die ganze Flüssigkeit aufgesaugt haben und bissfest gekocht sein.

5. Die Lachsschnitzel mit wenig Mehl bestäuben und in den aufgeschlagenen Eiern wenden.

6. Die restlichen 2 EL Olivenöl in eine heiße Pfanne geben und die Schnitzel beidseitig kräftig anbraten.

7. Die restlichen Gorgonzolawürfel und die Butter unter den Risotto ziehen. Die Lachsschnitzel auf dem Risotto anrichten.

Tipps

Sollten Sie Gorgonzola nicht mögen, können Sie ihn durch etwa 150 g klein gewürfelten Fontina ersetzen oder 3–4 EL Mascarpone mit gehackten Kräutern unter den Reis heben.

Sie können beim Garen auch 1 Döschen Safranpulver an den Risotto geben. Das ergibt dann „Risotto alla Milanese".

Bandnudeln mit Meeresfrüchten

Aus Spanien

1 Möhre • 1 Stange Lauch • 1 Zucchini •
1 geschälte Tomate (aus der Dose)
4 große oder 8 kleine vorgekochte Garnelen (frisch oder TK-Ware)
8 sehr kleine geputzte Tintenfische
etwas Salz
2 EL Butter
etwas weißer Pfeffer aus der Mühle •
400 g Bandnudeln

1. Die Möhre, den Lauch und die Zucchini putzen und waschen. Die Möhre schälen und dann wie den Lauch und die Zucchini in feine Streifen schneiden. Die Tomate waschen, putzen entkernen und in kleine Stücke schneiden.

2. Die Garnelen abwaschen und in leicht gesalzenem Wasser aufkochen lassen. Die Garnelen herausnehmen und eventuell die Krusten, Köpfe und Därme entfernen.

3. Die Tintenfische sorgfältig waschen, trockentupfen, halbieren und in leicht gesalzenem Wasser 10–15 Minuten bei mittlerer Hitze garen.

4. Die Möhrenstreifen in Butter anbraten. Die Tintenfische und etwa 2 Minuten später das restliche Gemüse dazugeben und alles bei schwacher Hitze etwa 15 Minuten garen.

5. Die Bandnudeln in kochendem Salzwasser in etwa 8 Minuten bissfest kochen.

6. Die Garnelen unter die Sauce heben und kurz darin erwärmen. Alles mit Salz und Pfeffer abschmecken. Die Sauce mit den Nudeln mischen und auf großen Tellern anrichten.

Tipp

Statt der einzelnen Meeresfrüchte können Sie auch eine Packung TK-Meeresfrüchtemischung kaufen.

preiswert
vegetarisch
Fisch ✔
Knoblauch
für Gäste ✔
schnell ✔
Vitalstoffe
Cholesterin ↓

Für 4 Personen
● Zubereitungszeit: ca. 45 Min.
● ca. 500 kcal je Portion

Dorade in Pastis

Aus Südfrankreich

preiswert

vegetarisch

Fisch ✔

Knoblauch ✔

für Gäste ✔

schnell ✔

Vitalstoffe

Cholesterin ✦

1–2 küchenfertige Doraden (etwa 1 ½ kg)
1 kleines Bund Thymian • 3 Zweige Rosmarin •
etwas Salz • etwas weißer Pfeffer aus der Mühle

4 EL Olivenöl

5 EL Pastis (Anisschnaps)

3 Knoblauchzehen • 3 Zwiebeln • 2 Möhren

2 Lorbeerblätter

2 Döschen Safran (à 1 g) • ¼ l trockener Weißwein

Saft von ½ Zitrone

Für 4 Personen

● Zubereitungszeit:
  ca. 30 Min.
● Backzeit:
  ca. 30 Min.
● ca. 530 kcal je
  Portion

1. Die Doraden vom Fischhändler ausnehmen und schuppen lassen. Dann die Fische von außen und innen unter kaltem Wasser gründlich waschen und trockentupfen.

2. Den Thymian und den Rosmarin waschen und trockentupfen. Die Bauchhöhle der Fische salzen, pfeffern und mit der Hälfte der Kräuter füllen.

3. Eine Gratinform, mindestens so groß wie die Fische, mit 2 EL Olivenöl einfetten. Die Doraden hineinlegen und mit dem restlichen Öl beträufeln.

4. Die Blätter bzw. Nadeln der restlichen Kräuter abstreifen und auf den Doraden verteilen. Den Fisch mit dem Pastis übergießen.

5. Den Backofen auf 220–240 °C (Umluft 190–210 °C; Gas Stufe 4–5) vorheizen. Den Knoblauch schälen und die Zehen ganz lassen. Die Zwiebeln und die Möhren schälen und in Scheiben schneiden.

6. Den Knoblauch mit den Zwiebel- und Möhrenscheiben in der Gratinform um den Fisch herum verteilen. Die Lorbeerblätter zwischen den Finger zerbröseln und dazugeben. Alles etwas salzen und pfeffern.

7. Den Safran über die Doraden streuen und diese mit dem Weißwein begießen. Den Fisch auf mittlerer Schiene für 20–30 Minuten in den Ofen schieben.

8. Während der Garzeit den Fisch mehrmals mit dem Weinsud übergießen, der sich auf dem Gratinboden sammelt. Nach 20 Minuten prüfen, ob der Fisch gar ist. Dafür mit einem Messer den Fisch am Rückgrat entlang einschneiden. Löst sich das Fleisch von der Gräte, ist die Dorade gar.

9. Den Fisch aus dem Ofen nehmen und auf eine vorgewärmte Platte geben. Den Weinsud durch ein Sieb in eine Schüssel gießen. Mit dem Zitronensaft abschmecken und zur Dorade servieren.

Tipps

Pastis ist ein 40–45%iger Marseiller Schnaps auf Anis- und Süßholzbasis. Er ist sehr beliebt als Aperitif und wird in der Küche vor allem für Fischgerichte verwendet.

Doraden (Goldbrassen) haben ein festes, weißes Fleisch und sind sehr schmackhaft. Sie zählen zu den beliebten Fischen, da sie relativ arm an Gräten sind.

Pinienkerntarte
Aus Spanien

preiswert

vegetarisch ✔

Fisch

Knoblauch

für Gäste ✔

schnell

Vitalstoffe

Cholesterin

170 g Mehl • 1 Prise Salz •

90 g Butter (Zimmertemperatur)

Mehl zum Ausrollen • Fett für die Form

etwa 400 g Hülsenfrüchte zum Blindbacken

$^1/_4$ l Milch • 1 frisches Ei • 1 frisches Eigelb •

60 g Zucker

2 EL Branntwein

2 EL Johannisbeergelee (rot oder schwarz)

150 g Pinienkerne

Für 12 Stücke

- Zubereitungszeit:
  ca. 40 Min.
- Kühlzeit:
  ca. 30 Min.
- Backzeit:
  ca. 40 Min.
- ca. 240 kcal je
  Portion

1. Etwa 150 g Mehl mit dem Salz in eine große Schüssel geben. Etwa 75 g Butter in Würfel schneiden und mit 1 EL kaltem Wasser zum Mehl geben. Alles gut durchkneten. Den Teig rasch zu einer Kugel formen, diese in Folie wickeln und etwa 30 Minuten kalt stellen.

2. Inzwischen die Creme für die Füllung zubereiten. Dafür die Milch erhitzen, aber nicht kochen lassen. Ei, Eigelb und Zucker in einer Schüssel mit den Schneebesen des Handrührgeräts schaumig schlagen. Das Mehl hinzufügen und gut unterrühren.

3. Die heiße Milch langsam dazugießen. Dabei ständig mit den Schneebesen weiter umrühren. Die Creme zurück in den Topf gießen und unter ständigem Rühren bei schwacher Hitze zum Kochen bringen.

4. Die Creme, sobald sie andickt, vom Herd nehmen und glatt rühren. Den Branntwein dazugeben. Die Creme abkühlen lassen und ab und zu umrühren.

5. Dann den Backofen auf 220 °C (Umluft 190 °C; Gas Stufe 3–4) vorheizen. Den Teig aus dem Kühlschrank nehmen und die Folie entfernen. Auf bemehlter Arbeitsfläche mit

dem Handballen flach drücken und wieder zusammenfalten. Dies zweimal wiederholen, um den Teig geschmeidig zu machen. Eine Tarteform (etwa 22 cm Ø) ausfetten.

6. Den Teig etwa 1 $^1/_2$ cm größer als die Form ausrollen und in die Form legen. Dabei einen etwa 1 $^1/_2$ cm hohen Rand hochziehen. Den Teigboden gleichmäßig mit einer Gabel einstechen. Den Boden mit Backpapier bedecken, die Hülsenfrüchte einfüllen und den Boden im Ofen auf mittlerer Schiene etwa 15 Minuten vorbacken.

7. Die Form aus dem Ofen nehmen, das Backpapier und die Hülsenfrüchte entfernen. Den Ofen auf 200 °C (Umluft 170 °C; Gas Stufe 3) herunterschalten. Das Johannisbeergelee gleichmäßig auf dem Teigboden verteilen. Die abgekühlte Branntweincreme auf das Gelee geben und glatt streichen.

8. Die Pinienkerne auf der Creme verteilen und mit einem Löffel leicht andrücken, sodass sie etwas in die Creme einsinken. Die restliche Butter zerlassen und über die Pinienkerne träufeln.

9. Die Tarte auf mittlerer Schiene wieder in den Ofen schieben und etwa 25 Minuten backen. Herausnehmen und abkühlen lassen.

Tipp

Sie können den Branntwein auch durch Orangenblütenwasser ersetzen. Dieses kann man in der Apotheke kaufen.

Tiramisu

Aus Italien

2 EL Zucker • ¼ l heißer, starker Kaffee
2 EL Kaffeelikör • 100 g Löffelbiskuits
4 frische Eigelbe • 100 g Zucker •
300 g Mascarpone
2 EL Kakaopulver

Für 4 Personen

● Zubereitungszeit:
ca. 35 Min.
● Kühlzeit:
ca. 3–5 Std.
● ca. 640 kcal je
Portion

1. Den Zucker unter Rühren in dem heißen Kaffee auflösen und alles abkühlen lassen.

2. Den Kaffeelikör dazugeben und die Löffelbiskuits in diese Mischung tauchen.

3. Eine rechteckige Gratinform (8–10 cm hoch) mit der Hälfte der getränkten Biskuits auslegen.

4. Für die Creme die Eigelbe mit dem Zucker in einem warmen Wasserbad zu einer cremigen Masse aufschlagen. Den Mascarpone darunter rühren.

5. Die Hälfte der Eiercreme auf die Löffelbiskuits in der Form geben. Eine zweite Lage getränkte Löffelbiskuits einschichten und mit der restlichen Creme bedecken. Das Tiramisu im Kühlschrank in 3–5 Stunden fest werden lassen.

6. Vor dem Servieren das Dessert üppig mit dem Schokoladenpulver bestäuben. Mit einem Spatel rechteckige Portionen abstechen und diese auf Tellern anrichten.

Tipps

Das Tiramisu braucht mindestens 3–5 Stunden, bis es schnittfest ist.

Verwenden Sie für dieses Dessert nur ganz frische Eier und stellen Sie das Tiramisu bis zum Servieren in den Kühlschrank. Sie sollten es in jedem Fall am Zubereitungstag servieren.

Anstelle von Mascarpone können Sie auch die gleiche Menge Sahnequark verwenden.

Heferad mit kandierten Früchten

Aus Griechenland

300 g Mehl • ½ P. Trockenhefe (3,5 g) • ¼ Milch •
100 g Butter (Zimmertemperatur) • 2 EL Zucker •
1 Prise Salz • 1 frisches Ei • 20 g Anissamen
Mehl zum Ausrollen • Butter zum Einfetten
100 g kandierte Früchte (z. B. Kirschen, Melone,
Engelwurz)

1. Für den Hefeteig alle Zutaten in eine
Schüssel geben und zu einem geschmeidigen Teig verkneten.

2. Den Teig zugedeckt an einem warmen
Ort gehen lassen, bis sich sein Volumen ver-
doppelt hat.

3. Den aufgegangenen Teig noch einmal
durchkneten und dann rund auf bemehlter
Arbeitsfläche etwa ½ cm dick ausrollen. Das
Backblech einfetten und den Teigkreis darauf
geben. Den Hefeteig mit einem Messer vom
Rand zur Mitte hin sternförmig einschneiden.

4. Die kandierten Früchte würfeln, auf
dem Heferad verteilen und etwas andrücken.
Das Heferad wiederum etwa 30 Minuten an
einem warmen Ort gehen lassen. Den Backofen auf 200 °C (Umluft 170 °C; Gas Stufe 3)
vorheizen. Das Heferad danach auf mittlerer
Schiene im Ofen etwa 30 Minuten goldbraun
backen.

preiswert ✔

vegetarisch ✔

Fisch

Knoblauch

für Gäste

schnell

Vitalstoffe

Cholesterin

Für 8–12 Stücke

- Zubereitungszeit:
  ca. 20 Std.
- Gehzeit:
  ca. 1 Std.
- Backzeit:
  ca. 20 Min.
- ca. 210 kcal je
  Portion

Safran-Hefe-Kuchen

Aus Südfrankreich

preiswert

vegetarisch ✔

Fisch

Knoblauch

für Gäste ✔

schnell

Vitalstoffe

Cholesterin

Für 16 Stücke

- Zubereitungszeit:
  ca. 40 Min.
- Gehzeit:
  ca. 1 Std.
- Backzeit:
  ca. 40 Min.
- ca. 350 kcal je
  Portion

500 g Mehl • 150 ml Milch • 1 P. Trockenhefe (7 g) •
½ Döschen Safran (ca. 0,5 g) • 250 g Butter
(Zimmertemperatur) • 100 g Zucker • 1 Prise Salz •
2 große oder 3 kleine frische Eier
100 g Rosinen • 3 EL Marc de Provence (franz.
Tresterbranntwein) • 100 g kandierte Früchte •
100 g gehackte Mandeln
Butter zum Einfetten

1. Für den Hefeteig alle Zutaten in eine
Schüssel geben und zu einem geschmeidigen Teig verkneten.

2. Den Teig zugedeckt an einem warmen
Ort gehen lassen, bis sich sein Volumen ver-
doppelt hat.

3. Inzwischen die Rosinen im Branntwein
einweichen. Die kandierten Früchte in kleine
Würfel schneiden. Die Rosinen mit dem
nicht aufgesogenen Branntwein, den kandierten Früchten und den Mandeln zum aufgegangenen Hefeteig geben.

4. Alles gut verarbeiten und den Teig noch
2 Minuten kneten. Eine Kuchenform mit hohem Rand (z. B. eine Gugelhupf- oder eine
andere hohe Ringform, 22 cm Ø) mit Butter
ausfetten. Den Teig in die Form geben, sodass sie etwa halb gefüllt ist.

5. Die Form zudecken und den Teig noch
einmal etwa 30 Minuten an einem warmen
Ort gehen lassen. Den Backofen auf 180 °C
(Umluft 150 °C; Gas Stufe 2–3) vorheizen.
Die Form mit dem aufgegangenen Teig auf
unterer Schiene in den Ofen schieben und
etwa 40 Minuten backen.

6. Nach etwa 35 Minuten die Garprobe
machen. Dazu auf den Teig klopfen. Wenn er
hohl klingt, ist der Kuchen gar. Den fertigen
Kuchen aus dem Ofen nehmen, etwas abkühlen lassen und dann stürzen. Warm oder
kalt servieren.

Tipp

Kandierte Früchte sind eine Spezialität aus der Provence. Dort wurden schon im Mittelalter Pflaumen,
Aprikosen, Melonen und Birnen in Zucker haltbar
gemacht.

Panna Cotta
Aus Italien

4 Blatt weiße Gelatine • 250 g Himbeeren •
2 EL Puderzucker

250 g Sahne • ¼ l Milch • 1 Stange Zimt •
3 EL Zucker • ½ TL abgeriebene Schale einer
unbehandelten Zitrone

Butter zum Einfetten •
Puderzucker zum Ausstäuben

einige Pfefferminzblätter

preiswert

vegetarisch ✔

Fisch

Knoblauch

für Gäste ✔

schnell ✔

Vitalstoffe

Cholesterin

1. Die Gelatine in kaltem Wasser einweichen. Inzwischen etwa 200 g Himbeeren verlesen, durch ein feinmaschiges Sieb passieren und mit dem Puderzucker verrühren.

2. Die Sahne mit Milch, Zimtstange,
Zucker und Zitronenschale etwa 5 Minuten
bei schwacher Hitze köcheln lassen, danach
den Topf vom Herd nehmen.

3. Die Gelatine ausdrücken und in der
noch heißen Sahnemischung auflösen. Die
Sahnecreme durch ein Sieb gießen und abkühlen lassen.

4. Mit der Butter 4 Dessertförmchen einfetten und dann die Förmchen mit Puderzucker ausstäuben. Die Sahnecreme in die
Förmchen geben und zum Erstarren
2–3 Stunden kühl stellen.

5. Kurz vor dem Servieren die Förmchen in
warmes Wasser stellen und mit einem spitzen Messer am Innenrand entlangfahren. Die
Sahnecreme aus den Förmchen stürzen und
mit der Himbeersauce umgießen. Das Dessert mit Minze und den restlichen Himbeeren
garnieren.

Für 4 Personen
- Zubereitungszeit:
  ca. 25 Min.
- Kühlzeit:
  ca. 3 Std.
- ca. 360 kcal je
  Portion

Zuppa inglese

Aus Italien

½ l Milch • 160 g Zucker • 1 Vanilleschote •
4 frische Eigelbe

2 TL Speisestärke

50 g dunkle Schokolade • 250 g Löffelbiskuits •
3 EL Alchermes (roter Gewürzlikör) oder Rum

200 g Kirschmarmelade

200 g Sahne • 1 EL Zucker

1. Die Milch, bis auf etwa 2 EL, mit 50 g
des Zuckers und der aufgeschlitzten Vanilleschote aufkochen und dann abkühlen lassen.
Weitere 100 g Zucker mit den Eigelben zu
einer Creme aufschlagen und die Milch darunter rühren.

2. Die Creme in einen Topf geben und unter ständigem Rühren bis knapp unter den
Siedepunkt erhitzen. Die Stärke mit der
restlichen Milch verrühren, zur Creme geben
und alles weiterkochen, bis die Creme ge-
bunden ist.

3. Die Schokolade fein raspeln. Die Löffelbiskuits zerkrümeln und mit dem Alchermes
oder dem Rum beträufeln. Die Hälfte der
noch warmen Creme mit der Schokolade
mischen.

4. In eine runde, hohe Schale nacheinander Löffelbiskuitmasse, Vanillecreme, Mar-
melade und Schokocreme einschichten. Das
Ganze etwa 2 Stunden kühl stellen.

5. Abschließend die Sahne mit dem restlichen Zucker steif schlagen und auf das Dessert Sahnetupfen setzen.

preiswert

vegetarisch ✔

Fisch

Knoblauch

für Gäste ✔

schnell

Vitalstoffe

Cholesterin

Für 4 Personen
- Zubereitungszeit:
  ca. 1 Std.
- Kühlzeit:
  ca. 2 Std.
- ca. 480 kcal je
  Portion

Sizilianische Festtagstorte
Aus Italien

preiswert

vegetarisch ✓

Fisch

Knoblauch

für Gäste ✓

schnell

Vitalstoffe

Cholesterin

Für 12 Stücke

- Zubereitungszeit:
  ca. 1 ½ Std.
- Backzeit:
  ca. 30 Min.
- Kühlzeit:
  ca. 3 Std.
- ca. 540 kcal je
  Portion

5 frische Eier • 5 Blatt weiße Gelatine •
210 g Zucker • 1 TL abgeriebene Schale einer
unbehandelten Zitrone

70 g Weizenmehl • 70 g Kartoffelstärke •
½ TL Backpulver • 120 g Butter

1 Prise Salz

Butter zum Einfetten

450 g Ricotta oder Speisequark •
2 EL Maraschino (Kirschlikör) • ½ TL Vanillemark

150 g dunkle Schokolade (z. B. Zartbitterschoko-
lade) • 150 g gehackte kandierte Früchte (z. B.
Orangeat und Zitronat) • 100 g geröstete Mandel-
splitter oder gehackte ungesalzene Pistazien

2 EL Marsala oder Malvasia (ital. Dessertweine)

80 g Puderzucker • 5 EL kandierte Früchte •
geschälte Mandeln oder Walnusskernhälften

1. Zunächst den Backofen auf 180 °C (Umluft 150 °C; Gas Stufe 2–3) vorheizen, die
Eier trennen. Die Gelatine in kaltem Wasser
einweichen. Für den Teig die Eigelbe, 100 g
des Zuckers und die Zitronenschale zu einer
weißlichen Creme rühren.

2. Mehl, Kartoffelstärke und Backpulver
mischen und auf die Eiercreme sieben. Alles
miteinander verrühren. 80 g Butter zerlassen
und lauwarm unter Rühren zum Teig geben.

3. Die Eiweiße mit dem Salz halb steif
schlagen, weitere 50 g Zucker dazugeben
und so lange weiterrühren, bis der Eischnee
glänzt und ganz fest ist. Den Eischnee locker
unter den Teig heben.

4. Eine Springform (etwa 24 cm Ø) einfetten. Den Teig hineinfüllen und im Ofen auf
mittlerer Schiene etwa 30 Minuten backen.

5. Inzwischen für die Füllung 2 EL Wasser
erhitzen. Die eingeweichte Gelatine darin

auflösen. Den Ricotta mit dem restlichen
Zucker, dem Maraschino, der aufgelösten
Gelatine und der Vanille in eine Schüssel
geben.

6. Etwa 50 g Schokolade grob raspeln und
mit den kandierten Früchten und den Man-
delsplittern bzw. den Pistazien unter die
Ricottamasse ziehen. Die Masse kühl stellen.

7. Den Biskuit nach dem Backen aus der
Form nehmen und auf einem Kuchengitter
auskühlen lassen.

8. Den Biskuit auf zwei Dritteln seiner
Höhe quer durchschneiden und den unteren
Teil leicht aushöhlen. Den Boden mit Marsala
bzw. Malvasia beträufeln. Die Ricottamasse
hineinfüllen und den Deckel des Biskuits wieder aufsetzen. Die Torte für etwa 3 Stunden
in den Kühlschrank stellen.

9. Für die Glasur die restliche Schokolade
in Stücke brechen und im Wasserbad mit
2–3 EL Wasser schmelzen lassen. Den Puderzucker darunter rühren und zuletzt die
restliche Butter darin schmelzen lassen. Die
Glasur mit einem Kuchenpinsel auf den
gekühlten Kuchen auftragen und diesen nach
Belieben mit kandierten Früchten und Nüs-
sen garnieren.

Tipp

Die Torte können Sie nach dem Kühlen auch ganz
mit steif geschlagener Sahne überziehen und mit
4 EL kandierten Früchten garnieren.

Alphabetisches Rezeptverzeichnis

Rezeptverzeichnis nach Ländern

Impressum

Im FALKEN Verlag sind zahlreiche Titel zum Thema „Essen und Trinken" erschienen.
Sie sind überall erhältlich, wo es Bücher gibt.

Sie finden uns im Internet: **www.falken.de**

Dieses Buch wurde auf chlorfrei gebleichtem und säurefreiem Papier gedruckt.

Der Text dieses Buches entspricht den Regeln der neuen deutschen Rechtschreibung.

ISBN 3 8068 2601 3

© 2000 by FALKEN Verlag, 65527 Niedernhausen/Ts.
Die Verwertung der Texte und Bilder, auch auszugsweise, ist ohne Zustimmung des Verlags
urheberrechtswidrig und strafbar. Dies gilt auch für Vervielfältigungen, Übersetzungen,
Mikroverfilmung und für die Verarbeitung mit elektronischen Systemen.

Umschlaggestaltung: Martina Eisele, München
Gestaltung: red.sign, Stuttgart
Redaktion: Marlein Auge, Düsseldorf und red.sign, Stuttgart
Koordination und Schlussredaktion: Elly Lämmlen, FALKEN Verlag und Marlein Auge, Düsseldorf
Bildbeschaffung: Dr. Ruth Leners
Herstellung: Petra Becker, FALKEN Verlag und red.sign, Stuttgart
Titelbild: Klaus Arras, Köln
Weitere Fotos auf dem Umschlag: Das Bild auf der Umschlaginnenseite vorne wurde dem FALKEN Verlag
freundlicher Weise von der Autorin zu Verfügung gestellt. **FALKEN Archiv: M. Brauner:** Umschlagklappe,
hinten, innen, re. o., re. m. und re. u. / **TLC:** Umschlagklappe, hinten, innen, li. o., li. m. und li.u.
Rezeptfotos: FALKEN Archiv: W. Feiler: S. 12, 13,14, 15, 21, 25, 26, 27, 29, 31, 32, 33, 34, 35, 37, 38, 39,
41, 42, 43, 44, 45, 47, 48, 49, 51, 53, 54, 55, 57, 58, 59 und 61 / **U. Kopp:** S. 30 / **M. Krapohl:** S. 11, 17, 18,
19 und 23 / **B. Wegner:** S. 20
Weitere Fotos im Innenteil: FALKEN Archiv: W. Feiler: S.1 u., 5 re. o., 5 re. u. und 6 m. o. / **B. Harms:** S. 7 li. /
M. Krapohl: S. 8/9 / **R. Schmitz:** S. 5, li. m. / **TLC:** S. 1 o., 4, 5 li. o., 5 li. u. und 7 u. / **M. Wissing:** S. 6 li. u.

Satz: red.sign, Stuttgart
Druck: Druckhaus Cramer, Greven

817 2635 4453 62